Edition Akzente
Herausgegeben von
Michael Krüger

Kinoerzählungen

Herausgegeben von
Verena Lueken

Carl Hanser Verlag

1   2   3   4   5   99 98 97 96 95

ISBN 3-446-18291-8
Alle Rechte dieser Ausgabe
© Carl Hanser Verlag München Wien 1995
Umschlag nach einem Entwurf von Klaus Detjen
unter Verwendung eines Szenenfotos
mit Vera Ellen und Gene Kelly
in *On the Town (Heut' gehn wir bummeln)*, 1949
© Cinetext, Frankfurt
Gesamtherstellung: Friedrich Pustet, Regensburg
Printed in Germany

Inhalt

Verena Lueken
Vorwort
9

Joseph Brodsky
Kriegsbeute
Mit »Tarzan« den Westen entdecken
14

Jean-Claude Carrière
Flirt mit der Tragödie
»Die Kinder des Olymp« besiegen den Krieg
34

John Updike
Einsam im Matrosenanzug
Liebt mich, sagt Gene Kellys Musical »On the Town«
42

Krzysztof Kieślowski
Gesichtsschatten
»Das Schweigen« von Bergman ist eine Tatsache
51

Hal Hartley
Eindruck, nicht Ausdruck
Wim Wenders' Hoffnungsbotschaft heißt »Im Lauf der Zeit«
60

István Szabó
Magische Berührung
»Ninotschka« und das Geheimnis von Ernst Lubitsch
65

Wladimir Sorokin
Kuß für den Genossen Stalin
Mythologische Parodie auf die Geschichte –
der Propagandafilm »Der Fall Berlins«
71

Jiří Menzel
Mitleid mit dem Helden
Keine faulen Kompromisse in Andrzej Wajdas
»Asche und Diamant«
80

Charles Simic
Diebe wie wir
Belgrad sieht aus wie das Rom
in De Sicas »Fahrraddiebe«
87

Gore Vidal
Geschichte macht, wer sie verfilmt
Abe Lincoln sucht jeden Amerikaner heim
93

Carlos Saura
Freiheit ist ein Gespenst
Und nichts ist grausamer als der Mensch –
Luis Buñuel dreht »Viridiana«
108

Viktor Jerofejew
Die Seele des Skeletts
Dreimal Eisensteins »Iwan der Schreckliche«
115

Michael Haneke
Schrecken und Utopie der Form
Ein Esel hat keine Psychologie, nur ein Schicksal –
Robert Bressons »Au Hasard Balthazar«
123

Robert Darnton
Robespierre, das ist der Osten
Andrzej Wajdas »Danton« und die Solidarność
140

Joan Didion
John Wayne: Ein Liebeslied
149

Zu den Autoren
164

Nachweise
167

Verena Lueken
Vorwort

Labyrinthe ohne Zentrum, Spiele der Masken und
Monstrositäten. Puzzles aus Paradoxien und Abnor-
mem, aus Trivialitäten und Gefühlen – Fragmente von
Tönen, Bildern und Gesichtern aus dem Fundus des
Kinos hallen wie ein Echo der Zeit in der kulturellen
und historischen Erinnerung unseres Jahrhunderts.
Die ganze Welt erstand in Rick's Café, doch erst Orson
Welles zeigte uns die düsteren Kellerräume, von denen
aus sie regiert wurde. Später lehrte Hitchcock uns die
Angst, und Kubrick stürzte uns in die Unendlichkeit.
Bis heute sind »Casablanca«, »Citizen Kane«, »Psycho«
und »2001: Odyssee im Weltraum« fester Bestandteil
dessen, was in der Filmgeschichte als Kanon gilt. Es
wurden lange Abhandlungen über diese Filme geschrieben und Seminare veranstaltet, ihre Drehbücher
veröffentlicht und jede einzelne Szene ist fotografisch
dokumentiert. Doch was kam dann? Und haben nicht
ganz andere Filme unser Gedächtnis ähnlich, wenn
nicht entscheidender geprägt?
   Die Filme, die von den Archivaren vor dem Verfall
gerettet, in Kinematheken und Retrospektiven gezeigt
und somit als beispielhaft für die Geschichte des Films
und als Teil ihres Kanons etabliert werden, sind nicht
notwendig jene, die in der Erinnerung Pfade bahnen
zu unserer eigenen Geschichte. Die Erregung durch
»Zorro« und die Sehnsucht beim Blick auf die windver-
wehte Einfahrt zu »Tara« wirken im Rückblick auf sehr
frühe Kinoerlebnisse stärker als die rätselhafte Verbindung eines sterbenden Zeitungsmagnaten zu Rosebud,
dem Schlitten seiner Kindheit. Glorreiche Reiter ga-

loppierten durch Steppen, deren Horizont wir nur ahnten, Gildas Handschuh-Striptease befreite für den Augenblick einer einzigen Geste die Erotik der Frau, bevor der Plot sie wieder zähmte, und ein nie getanzter Tango an der Seine versprach nach ungezählten ebenso wundersamen wie befremdlichen Romanzen zum *happy ending* endlich die Lust am anonymen Sex. Ein einsames Mädchen am Ende der Straße, dem wir viele Filme später in den Schluchten New Yorks an der Seite eines wahnsinnig gewordenen Veteranen mit Taxilizenz wiederbegegneten, war uns näher als die pummelige Sängerin, die einen alten Professor in die Lächerlichkeit trieb. Sie lernten wir erst zu lieben, als sie schlanker war, die Schuhe in den Sand warf und ihrem Geliebten in die Wüste folgte. In den gotischen Verliesen Draculas mitten in Kalifornien haben wir uns mehr gefürchtet als vor dem existentiellen Geworfensein in Schwedens Wäldern. Und schließlich wurden uns die homosexuellen Sensationen beim Kuß zweier blutjunger Vampire sinnfälliger als beim Anblick eines visionären Dichters, der sich im düsteren Kerker seinen Halluzinationen hingab.

Der Konsens über die Bedeutung einzelner Meisterwerke ist für die Geschichte unserer Kinoerlebnisse ohne Bedeutung. Ob ein Film für die Ästhetik des Kinos, für die verschiedenen Perioden seiner technischen Entwicklung, für die nationalen Kinematographien oder das allgemeine Verständnis vom Kino als der einzigen originären Kunstform des zwanzigsten Jahrhunderts Außerordentliches leistet, all dies sind nicht die Fragen, nach denen das Gedächtnis organisiert ist. Unsere Erinnerung ist unordentlich, nicht immer geschmackssicher und doch auch nicht beliebig. Aber gerade für die Filmgeschichte wurde ein Kanon gebildet, der mit dem Geschmack des Publikums und mit der Intensität der Kinoerfahrung nur am Rande zu tun hat.

Aus den alljährlich veröffentlichten Bestenlisten internationaler Filmzeitschriften läßt sich vor allem ablesen, daß dieser Kanon nahezu versteinert ist. Seit langem hat er sich kaum verändert, neuere Filme als »2001«, 1968 entstanden, finden sich selten. Ein Vergleich der »Top-ten«-Listen in Fachzeitschriften der vergangenen Jahre zeigt, daß es nach der Revolutionierung des Kanons in den sechziger Jahren durch die »Cahiers du Cinéma«, die John Ford, Alfred Hitchcock, Anthony Mann oder Otto Preminger als Meisterregisseure des amerikanischen Studiofilms neu bewerteten, keine entscheidende Modifizierung mehr gab. Dabei beweist gerade das Beispiel der »Cahiers du Cinéma«, aus denen die ersten und besten Regisseure der »Nouvelle Vague« hervorgingen, daß auch im Kino die Chancen für neue Ideen wachsen, wenn sie alte beerben und für sich zu mobilisieren verstehen.

Gleichzeitig lehrt die aktuelle Erfahrung beim Besuch internationaler Festivals, daß zwar jährlich einige gute und ein paar sehr gute Filme entstehen, längst aber keine »Neuen Wellen« mehr zu entdecken sind. Auch die Suche nach dem neuen, dem ganz anderen Kino in bisher unauffälligen Filmländern jenseits der ersten und zweiten Welt steht im Ruch des Dekadenten. Ist also das Kino, trotz steigender Besucherzahlen, tatsächlich eine fossile Kunst? Sind auch hier Meisterwerke nur mehr museal zu pflegen? Die lebendige Erinnerung an einzelne Filme, die in den Biographien der Zeitgenossen einen so selbstverständlichen Platz hat, widerspricht dem. Vielleicht braucht die Filmgeschichte überhaupt keinen Kanon, und wenn doch, dann einen anderen. Denn die Geschichte des Kinos als neuer und typischer Erfahrung unseres Jahrhunderts kommt in den Werkgeschichten, aus denen sich der Kanon heute bildet, gar nicht vor.

Wenn das Kino das Gedächtnis dieses Jahrhunderts ist, so ist das Schreiben über Filme das Gedächtnis des Kinos. Ob und in welcher Form Filme in Erinnerung bleiben, hängt auch davon ab, ob und in welcher Form über sie geschrieben wird. Wie offen sich dabei das Kunstwerk Film dem jeweiligen Interpreten präsentiert, zeigt das Beispiel »Citizen Kane«. Mit höchst variablen Argumenten wurde Orson Welles' Film im Verlauf der letzten Jahrzehnte zum Meisterwerk erklärt – von Jorge Borges, da er in ihm eine Reflexion seines eigenen Werkes entdeckte; von André Bazin wegen seines Realismus; von François Truffaut wegen seiner Künstlichkeit; von Eric Rohmer, weil mit ihm der amerikanische Film endlich erwachsen wurde, und von Andrew Sarris und Pauline Kael, weil er dem »amerikanischen Barock« einen Raum des Exzesses öffnete. Andere Begründungen, die den Film in seiner Beziehung zum französischen Theater der Volksfront oder zum Antifaschismus des New Deal interpretierten, kamen später.

Kritiker, die über Filme schreiben, arbeiten am Gedächtnis des Kinos, und darüber hinaus an einer Art Gewissen der Industrie. Ohne sie, ohne ihre mannigfachen Seharten und ohne ihre Bestenlisten bliebe nur die Statistik, also der kommerzielle Erfolg. Hit oder Flop. Gleichzeitig aber verschwindet in ihrem Bemühen um objektivierbare ästhetische Kriterien häufig gerade das, was die Erinnerung an einen Film kostbar machen kann – die Begierden, die er weckt, das billige Vergnügen, die Lust an der Fremdheit, die Sentimentalität des Augenblicks, und auch die Ergriffenheit vor einem gelungenen Werk.

Die Kinoerzählungen wollen diese Erfahrung bewahren. Deshalb sind sie' nicht von Kritikern, sondern von Schriftstellern und Filmemachern geschrieben. Kaum ein kanonbildender Film kommt in ihnen vor, nicht einmal »Citizen Kane«. Die Autoren folgen einzig den Spuren ihrer eigenen Erinnerung, erzählen von der Begegnung oder Wiederbegegnung mit einem Film, der in ihrem Leben oder, soweit sie Filmemacher sind, in ihrem Metier eine besondere Rolle gespielt hat. Und schreiben über ein Gesicht oder ein Fahrrad, über Stalin und ein paar Tage mit John Wayne, über eine Reise von Moskau nach München oder ihre Sucht nach der Wahrhaftigkeit. Die Bedeutung, die manche Filme, die in keiner Bestenliste auftauchen, für diese Künstler haben, hat sich von den Plots und einzelnen ästhetischen Einfällen gelöst. Jeder Text ist ein originäres Stück Erinnerung, und jeder Text bezeugt, was Italo Calvino einst in seiner »Autobiographie eines Zuschauers« schrieb: »Der Film, als dessen Betrachter wir uns in selbstverständlicher Weise sehen, ist die Geschichte unseres Lebens.«

Joseph Brodsky
Kriegsbeute

Mit »Tarzan« den Westen entdecken

Am Anfang war Corned beef in Dosen. Genauer gesagt, am Anfang war ein Krieg, der Zweite Weltkrieg,
die Belagerung meiner Heimatstadt Leningrad, die
große Hungersnot, die mehr Opfer forderte als alle
Bomben, Granaten und Geschosse zusammen. Und
gegen Ende der Belagerung gab es Corned beef in
Dosen aus Amerika. »Swift«, so hieß die Marke, glaube
ich, obwohl ich mich da möglicherweise täusche: ich
war erst vier, als ich es zum ersten Mal probierte.

Es war wohl das erste Fleisch, das wir seit langer Zeit
aßen. Dennoch war sein Geschmack weniger denkwür-
dig als die Dosen selbst. Hoch, rechteckig und mit einem
an der Seite angebrachten Öffner, kündeten sie von
anderen mechanischen Prinzipien, von einer anderen
Sensibilität überhaupt. Der Öffner, den man an einem
winzigen Metallstreifen ansetzen mußte, war für ein
russisches Kind eine Offenbarung: wir kannten nur
Messer. Das Land bestand immer noch aus Nägeln,
Hämmern, Nieten und Bolzen: dadurch wurde es zu-
sammengehalten, und das sollte für den Großteil unseres Lebens auch so bleiben. Deshalb konnte mir dort
und damals niemand die Versiegelungsmethode erklären, die von den Dosenherstellern angewandt wurde.
Bis auf den heutigen Tag verstehe ich sie nicht so ganz.
Damals und dort sah ich in heller Aufregung meiner
Mutter zu, wenn sie den Öffner abnahm, die kleine
Lasche umbog und sie in die Öse des Öffners steckte und
den Öffner wieder und wieder um seine Achse drehte.

Lange nachdem der Inhalt im Abtritt verschwunden war, überdauerten diese hohen, an den Ecken ein wenig stromlinienförmigen (wie in Kinos die Leinwand!), dunkelroten oder braunen Dosen mit den fremdländischen Buchstaben an den Seiten auf den Regalen und Fenstersimsen vieler Familien, zum Teil als ästhetische Objekte, zum Teil als gute Behältnisse für Bleistifte, Schraubenzieher, Filmspulen, Nägel und so weiter. Oftmals wurden sie auch als Blumentöpfe verwendet.

Wir sollten sie niemals wieder sehen – weder ihren geleeartigen Inhalt noch ihre Form. Im Laufe der Jahre nahmen sie an Wert zu: zumindest wurden sie im Tauschhandel der Schulbuben immer begehrter. Für eine solche Dose konnte man ein deutsches Bajonett, eine Gürtelschnalle der Marine, ein Vergrößerungsglas bekommen. Ihre scharfen Kanten (wenn die Dose geöffnet war) haben uns so manchen Schnitt in den Finger gekostet.

Wenn irgend jemand vom Krieg profitiert hat, dann wir: seine Kinder. Abgesehen davon, daß wir ihn überlebt hatten, bekamen wir reichlich Stoff, den wir romantisch verklären oder in unserer Phantasie spielen lassen konnten. Zusätzlich zur üblichen Kindheitskost von Dumas und Jules Verne hatten wir militärische Ausrüstungsgegenstände, die bei Buben immer gut ankommen. Bei uns kamen sie sogar außergewöhnlich gut an, denn es war unser Land, das den Krieg gewonnen hatte.

*

Merkwürdigerweise jedoch war es militärisches Gerät der anderen Seite, das für uns die größte Anziehungskraft hatte, nicht das unserer eigenen siegreichen Roten Armee. Namen deutscher Flugzeuge – Junkers, Stukas, Messerschmitt, Focke-Wulf – führten wir ständig im Munde. Und ebenso automatische Schmeisser-Gewehre, Tiger-Panzer, Ersatzrationen. Kanonen wurden von Krupp hergestellt, Bomben kamen mit freundlicher Genehmigung der IG Farben. Ein Kinderohr ist immer hellhörig bei einem fremden, ungewöhnlichen Krieg. Ich glaube, es war eher diese akustische Faszination als ein tatsächliches Gespür für Gefahr, was diese Wörter für unsere Zungen und Gemüter so anziehend machte. Trotz all der guten Gründe, die wir für einen Haß auf die Deutschen hatten – und trotz der ständigen Ermahnungen der Staatspropaganda zu diesem Behufe –, nannten wir sie gewohnheitsmäßig »die Fritze« statt »Faschisten« oder »Hitlerdeutsche«. Vermutlich deshalb, weil wir sie glücklicherweise nie in einer anderen Eigenschaft denn als Kriegsgefangene kennengelernt hatten.

Hinzu kommt, daß wir in den Kriegsmuseen, die Ende der vierziger Jahre überall emporsprossen, ziemlich viel an deutscher Militärausrüstung sahen. Das waren unsere besten Unternehmungen – viel besser als der Zirkus oder das Kino; und ganz besonders, wenn unsere demobilisierten Väter uns dorthin ausführten (das heißt, die von uns, die Väter hatten). Seltsamerweise widerstrebte ihnen das einigermaßen; doch beantworteten sie bis ins einzelne unsere Nachfragen hinsichtlich der Feuerkraft dieses oder jenes deutschen Maschinengewehrs oder des Sprengstoffs, der in dieser oder jener Bombe verwendet wurde. Das Widerstreben entsprang nicht ihrem Wunsch, unserem zarten Vorstellungsvermögen die Schrecken des Krieges zu ersparen oder sich selbst die Erinnerung an tote Freunde und das Schuldgefühl, noch am Leben zu sein. Nein, sie durchschauten schlicht unsere schnöde Neugier und mißbilligten sie.

Jeder von ihnen – unseren am Leben gebliebenen Vätern – bewahrte natürlich einige Erinnerungsstücke an den Krieg auf. Das konnte ein Fernglas sein (Zeiss!) oder die Mütze eines deutschen U-Boot-Offiziers mit den dazugehörigen Abzeichen oder ein Akkordeon mit Perlmutt-Einlegearbeit oder ein Zigarettenetui aus Sterlingsilber oder ein Grammophon oder ein Fotoapparat. Als ich zwölf war, brachte mein Vater zu meinem großen Entzücken auf einmal ein Kurzwellenradio zum Vorschein. Philips hieß es, und es konnte Sender von überall auf der Welt empfangen, von Kopenhagen bis Surabaja. Das zumindest suggerierten die Namen auf seiner gelben Anzeigeskala.

Dieses Philips-Radio war eine – nach den Maßstäben der Zeit – einigermaßen tragbare Angelegenheit aus braunem Bakelit, zehn mal vierzehn Zoll groß, mit der erwähnten gelben Anzeigeskala und einem katzenartigen, ungeheuer faszinierenden grünen Auge, das die Qualität des Empfangs signalisierte. Es hatte, wenn ich mich richtig erinnere, nur sechs Röhren, und zwei Fuß einfachen Drahtes genügten ihm als Antenne. Doch hier war der Haken. Eine Antenne aus dem Fenster ragen zu lassen konnte für die Polizei nur eines bedeuten. Für den Versuch, dein Radio an die Hauptantenne des Gebäudes anzuschließen, warst du auf die Hilfe eines Profis angewiesen, und dieser Profi seinerseits würde deinem Radio unnötige Aufmerksamkeit zollen. Man hatte kein fremdländisches Radio zu haben, Punktum! Die Lösung war ein spinnwebartiges Arrangement unter der Zimmerdecke, und so behalf ich mich denn auch. Auf diese Weise bekam ich zwar weder Radio Bratislawa noch gar Delhi. Aber ich konnte ja auch weder Tschechisch noch Hindi. Und was die russischsprachigen Sendungen von BBC, Voice of America oder Radio Free Europe betraf, so wurden sie ohnehin gestört. Dennoch konnte man Programme in Englisch, Deutsch, Polnisch, Ungarisch, Französisch und Schwedisch empfangen. Zwar beherrschte ich keine dieser Sprachen; doch immerhin gab es auf VOA »Time for Jazz« mit dem resonanzreichsten Baßbariton der Welt, dem des Diskjockeys Willis Conover!

Diesem braunen, wie ein alter Schuh glänzenden Philips-Radio verdanke ich meine ersten Brocken Englisch und meine Einführung in das Pantheon des Jazz. Im Alter von zwölf Jahren traten an die Stelle der deutschen Namen nach und nach die von Louis Armstrong, Duke Ellington, Ella Fitzgerald, Clifford Brown, Sidney Bechet, Django Reinhardt und Charlie Parker. Allmählich geschah sogar etwas mit unserem Gang: die Gelenke unseres höchst verklemmten russischen Knochengerüstes horchten auf den »Swing«. Offenbar war ich nicht der einzige in meiner Generation, der sich darauf verstand, zwei Fuß schlichten Drahts guter Verwendung zuzuführen.

Auf seiner Rückseite waren sechs symmetrische Löcher, und in dem gedämpften Schimmern und Flackern der Radioröhren, in dem Irrgarten von Kontakten, Widerständen und Kathoden, so unverständlich wie die Sprachen, die sie erzeugten, da glaubte ich, Europa zu sehen. Im Inneren wirkte es immer wie eine Großstadt bei Nacht, mit verstreuten Neonlichtern. Und als ich im Alter von zweiunddreißig tatsächlich in Wien landete, hatte ich unmittelbar das Gefühl, daß ich mich in gewissem Maße schon auskannte. Um das mindeste zu sagen, das Einschlafen während meiner ersten Nächte in Wien geschah in dem ausgeprägten

Gefühl, von einer unsichtbaren Hand fern in Rußland ausgeknipst zu werden.

Es war ein robustes Gerät. Als mein Vater in einem Anfall von Wut darüber, daß ich unablässig mit verschiedenen Frequenzen herumfummelte, es eines Tages auf den Boden warf, ging das Gehäuse entzwei, doch der Empfang funktionierte nach wie vor. Da ich nicht wagte, es zu einem professionellen Radiomechaniker zu bringen, versuchte ich, den Oder-Neiße-ähnlichen Sprung, so gut es ging, zu reparieren, wobei ich alle möglichen Klebstoffe und Gummibänder benutzte, doch von der Zeit an existierte es in Gestalt zweier ein wenig locker miteinander verbundener unförmiger Hälften. Sein Ende kam, als die Röhren aufgaben, obwohl es mir ein- oder zweimal gelang, ihre Entsprechungen durch Flüsterpropaganda bei Freunden und Bekannten aufzutreiben. Doch selbst als es schlicht zu einem stummen Kasten wurde, blieb es in unserer Familie – solange die Familie existierte. In den späten sechziger Jahren kaufte jeder ein Spidola aus lettischer Produktion, mit seiner Ausziehantenne und allen möglichen Transistoren darin. Zugegeben, es hatte besseren Empfang und war tragbarer. Gleichwohl, ich sah es einmal in einer Reparaturwerkstatt mit abgenommener Rückwand. Darüber, wie es im Inneren aussah, kann ich bestenfalls sagen, daß es irgendeiner geographischen Landkarte (Straßen, Eisenbahnen, Flüsse, Nebenflüsse) ähnelte. Es sah nach nichts Bestimmtem aus: es sah nicht einmal wie Riga aus.

Die größte Kriegsbeute jedoch waren natürlich Filme! Es gab sie zuhauf, und sie waren zum Großteil Vorkriegsproduktionen aus Hollywood mit (wie uns zwei Jahrzehnte später herauszufinden gelang) Errol Flynn, Olivia de Havilland, Tyrone Power, Johnny Weissmuller und anderen. Sie handelten zumeist von

Piraten, Elisabeth der Ersten, Kardinal Richelieu et
cetera – sie hatten nichts mit der Wirklichkeit zu tun.
Unserer Zeit am nächsten kamen sie in »Waterloo
Bridge« mit Robert Taylor und Vivien Leigh.

*

Da unsere Regierung nicht darauf erpicht war, für die
Vorführungsrechte zu zahlen, gab es keinerlei Her-
kunftsangaben und in der Regel auch nicht die Namen
von Figuren und ihren Darstellern. Die Vorführung
fing gewöhnlich auf folgende Weise an: Das Licht ging
langsam aus, und auf der Leinwand erschien in weißen
Buchstaben auf schwarzem Hintergrund die Ankündigung: »Dieser Film wurde im Verlauf des großen Krieges für unser Heimatland als militärische Trophäe
erbeutet.« Etwa eine Minute lang flimmerte sie dort;
dann begann der Film. Eine Hand, die eine Kerze hielt,
entzündete ein Stück Pergament, auf dem in kyrillischer Schrift »Die königlichen Piraten« oder »Die Insel
des Leidens« oder »Robin Hood« stand. Dann folgte
vielleicht eine erklärende Bemerkung, die Zeit und Ort
der Handlung angab: wiederum in kyrillischer Schrift,
die allerdings oftmals nach gotischen Buchstaben stili-
siert war. Das war natürlich Diebstahl; doch uns im
Publikum kümmerte es herzlich wenig. Dazu waren wir
viel zu sehr damit beschäftigt, die Untertitel zu lesen
und der Handlung zu folgen.
    Vielleicht aber doch. Die Abwesenheit des *Who was
who* auf der Leinwand verlieh diesen Filmen die An-
onymität von Folklore und ein Flair von Allgemeingül-
tigkeit. Sie bewegten und bannten uns weitaus mehr als
die späteren Produktionen der Neorealisten oder der
Nouvelle Vague. Die Abwesenheit von Herkunftsanga-

Errol Flynn in »Sea Hawk« (Herr der sieben Meere). Regie: Michael
Curtiz, USA 1940

ben machte sie zu etwas offen Archetypischem zur
damaligen Zeit – den späten Fünfzigern: den letzten
Jahren der Herrschaft Stalins. Allein die Tarzan-
Reihe, so wage ich zu behaupten, hat mehr zur Entstali-
nisierung beigetragen als alle Reden Chruschtschows
auf dem XX. Parteitag und danach.

Man muß schon unsere Breitengrade, unsere zuge-
knöpften, strengen, verklemmten, wintergesonnenen
Normen für öffentliches und privates Benehmen in
Betracht ziehen, um die drastische Wirkung eines lang-
haarigen nackten Einzelgängers würdigen zu können,
der sich mit seiner Schimpansenversion eines Sancho
Pansa und Lianen als Fortbewegungsmittel auf den
Spuren einer Blondine durch das Dickicht eines tropi-

schen Regenwaldes schlägt. Nimmt man noch den Blick auf New York hinzu (in dem letzten Teil der Reihe, der in Rußland gezeigt wurde), mit einem Tarzan, der von der Brooklyn Bridge springt, so wird verständlich, wieso nahezu eine ganze Generation zu Aussteigern wurde.

Das erste, was man übernahm, war natürlich die Haartracht. Auf einen Schlag wurden wir alle zu Langhaarigen. Es folgten unmittelbar die Röhrenhosen. Ach, welche Pein, welche Vorwände, welche Mühen es kostete, unsere Mütter, Schwestern, Tanten zu überzeugen, daß sie unsere ausnahmslos schwarzen aufgeblähten Nachkriegshosen in gradbeinige Vorläufer der noch unbekannten Levi's verwandeln mußten! Doch wir waren eisern – und das waren auch unsere Verleumder: Lehrer, Polizisten, Verwandte und Nachbarn, die uns von der Schule schmissen, uns auf der Straße verhafteten, sich über uns lustig machten und uns mit Kraftausdrücken belegten. Das ist der Grund, weshalb ein Mann, der in den fünfziger und sechziger Jahren aufgewachsen ist, heute bei dem Versuch, eine Hose zu kaufen, verzweifelt: all diese lächerlichen, stoffverschwendenden beuteligen Klamotten!

Natürlich hatte es mit diesen Trophäenfilmen noch etwas Wesentlicheres auf sich, und das war ihr »Einer gegen alle«-Geist, der der gemeinschaftlichen, auf das Kollektiv ausgerichteten Sensibilität der Gesellschaft, in der wir aufwuchsen, völlig fremd war. Daß all diese »Sea Hawks« und »Zorros« sich von unserer Wirklichkeit so entfernten, war vielleicht genau der Grund, weshalb sie uns auf eine Weise beeinflußten, die der beabsichtigten zuwiderlief. Als unterhaltsame Märchen angeboten, wurden sie doch eher als Parabeln für Individualismus aufgenommen. Was ein normaler Betrachter als Kostümfilm mit ein paar Renaissancerequisiten auffassen würde, galt uns als historischer Beweis für die Priorität des Individualismus.

Indem ein Film Menschen vor dem Hintergrund der Natur zeigt, hat er immer auch einen dokumentarischen Wert. Und ein Schwarzweißfilm um so mehr, als er an eine gedruckte Seite gemahnt. In Anbetracht unserer nichtoffenen – besser noch fest verschlossenen – Gesellschaft wurden wir dementsprechend mehr informiert als unterhalten. Mit welchem Eifer wir Türme und Befestigungsanlagen, Gewölbe und Gräben, Gitter und Kammern erforschten, die wir auf der Leinwand gesehen hatten! Denn wir hatten sie zum ersten Mal im Leben gesehen. So hielten wir all die Hollywood-Kulissen aus Papiermaché und Pappe für wirklich, und unser Gefühl für Europa, für den Westen, für Geschichte, wenn Sie so wollen, war diesen Bildern immer zutiefst verpflichtet. Und zwar so sehr, daß diejenigen von uns, die später in den Baracken unseres Strafvollzugssystems landen sollten, oftmals ihre Kost aufbesserten, indem sie die Handlung nacherzählten und sich an Einzelheiten jenes Westens erinnerten, und das vor Wärtern und Mitinsassen gleichermaßen, die niemals jene Trophäenfilme gesehen hatten.

*

Unter diesen Trophäen konnte man gelegentlich auch auf ein wirkliches Meisterwerk treffen. So weiß ich beispielsweise noch, daß ich »That Hamilton Woman« mit Vivien Leigh und Lawrence Olivier gesehen habe. Ich meine, mich auch an »Gaslight« mit der damals noch ganz jungen Ingrid Bergman zu erinnern. Die Untergrundindustrie war äußerst alert, und in Blitzesschnelle konnte man bei einem undurchsichtigen Typen in einer öffentlichen Toilette oder im Park eine postkartengroße Reproduktion dieser Schauspielerin oder jenes Schauspielers kaufen. Errol Flynn in seiner »Sea Hawk«-Aufmachung war mein geheiligtster Besitz, und jahrelang habe ich versucht, die vorwärts gerichtete Bewegung seines Kinns und die selbständige Bewegung seiner linken Augenbraue nachzuahmen. Bei letzterer war mir kein Erfolg beschieden.

Und bevor der harsche Klang dieser sykophantischen Notiz erstirbt, lassen Sie mich hier noch etwas anderes erwähnen – etwas, das ich mit Adolf Hitler gemein habe: die große Liebe meiner Jugend, deren Name Zarah Leander war. Ich habe sie nur einmal gesehen, und zwar in einem Opus, das damals und dort »Der Weg zum Schafott« hieß und das eine Geschichte über Maria Stuart erzählte. Ich erinnere mich nicht mehr an den Film, ausgenommen eine Szene, in der ihr junger Page mit dem Kopf auf dem wunderbaren Schoß seiner verurteilten Königin ruht. Meinem Dafürhalten nach war sie die schönste Frau, die je auf der Leinwand erschien, und meine späteren Neigungen und Vorlieben, sosehr sie auch als solche Gültigkeit hatten, waren doch nur Abweichungen von ihrem Maßstab. Was Versuche zur Erklärung einer verkümmerten oder gescheiterten romantischen Laufbahn anbelangt, so empfinde ich diese als eigenartig befriedigend.

Kurz vor ihrem Tod kam eine Schallplatte mit mehreren ihrer Schlager heraus, darunter auch ein Lied mit dem Titel »Die Rose von Nowgorod«. Als Name des Komponisten war Rota angegeben, und es konnte niemand anderes als Nino Rota selbst sein. Die Melodie stellt das Lara-Thema aus »Doktor Schiwago« bei weitem in den Schatten, der Text – nun, er ist zum Glück auf deutsch, und so kümmert mich das nicht. Die Stimme ist die von Marlene Dietrich, aber mit Timbre,

Vivien Leigh und Lawrence Olivier in »That Hamilton Woman«
(Lord Nelsons letzte Liebe). Regie: Alexander Korda, USA 1941

und die Gesangstechnik ist weitaus besser. Leander
singt tatsächlich; sie deklamiert nicht. Und es ist mir des
öfteren durch den Kopf gegangen, daß die Deutschen,
wenn sie auf die Melodie gehört hätten, nicht in der
Stimmung gewesen wären, nach Osten zu marschieren.
Dabei fällt mir ein, daß kein anderes Jahrhundert so
viel Schmalz hervorgebracht hat wie das unsere; vielleicht sollte man mehr darauf achten. Vielleicht sollte
man Schmalz als ein Erkenntniswerkzeug ansehen,
insbesondere in Anbetracht der ungeheuren Unge-
nauigkeit unseres Jahrhunderts. Denn Schmalz ist
Fleisch vom Fleische – ja, ein kleiner Bruder – des
Schmerzes. Wir alle haben doch mehr Gründe, zu
bleiben, als zu marschieren. Was für einen Sinn hat das
Marschieren, wenn man schließlich doch nur mit einer
sehr traurigen Melodie Schritt halten muß?

Ich nehme an, meine Generation war das aufmerksamste Publikum für all die Vor- und Nachkriegsproduktionen der Traumfabriken. Manche von uns wurden eine Zeitlang eifrige Cineasten, vielleicht jedoch aus einer Reihe anderer Gründe als unsere Pendants im Westen. Für uns waren Filme die einzige Gelegenheit, den Westen zu sehen. Die Handlung oft fast aus den Augen verlierend, versuchten wir, das Drum und Dran einer Straße oder einer Wohnung zu unterscheiden, das Armaturenbrett des Autos des Helden, Arten der Garderobe, die die Heldinnen trugen, das Gefühl für den Raum, die Anordnung des Schauplatzes, an dem sie agierten. Manche von uns wurden ziemliche Experten in der Bestimmung des Drehortes eines Films, und manchmal konnten wir Genua von Neapel unterscheiden oder zumindest Paris von Rom, und das allein auf der Grundlage zweier oder dreier architektonischer Ensembles. Wir bewaffneten uns häufig mit Stadtplänen und stritten uns heftig über die Adresse von Jeanne Moreau in diesem Film und die von Jean Marais in jenem.

Doch das sollte, wie ich schon sagte, viel später geschehen, in den späten sechziger Jahren. Und noch später verblaßte unser Interesse an Filmen allmählich, indem uns klar wurde, daß die Filmregisseure zunehmend in unserem eigenen Alter waren und uns immer weniger zu sagen hatten. Zu der Zeit waren wir bereits versierte Buchleser, waren Abonnenten der Monatszeitschrift »Literatur des Auslands«, und ins Kino begaben wir uns immer weniger eifrig, da uns klargeworden war, daß es keinen Sinn hat, einen Ort zu kennen, an dem du ja doch nicht wohnen wirst. Das, so wiederhole ich, sollte sich erst viel später ereignen, als wir schon in den Dreißigern waren.

Als ich fünfzehn oder sechzehn Jahre war, saß ich

eines Tages im Hof eines riesigen Wohnblocks und schlug Nägel in den Deckel einer Holzkiste mit allen möglichen geologischen Instrumenten, die in den (sowjetischen) Fernen Osten geschickt werden sollten – ich selbst wollte später folgen, um zu meinem Team zu stoßen. Es war Anfang Mai, doch der Tag war heiß, ich langweilte mich zu Tode und schwitzte heftig. Plötzlich ertönte aus den offenen Fenstern des obersten Stockwerks »A-tisket, a-tasket«, und die Stimme war die von Ella Fitzgerald. Das war immerhin 1955 oder 1956, und zwar in einem dreckigen Industrievorort von Leningrad. Ich weiß noch, wie ich dachte: Du lieber Gott, wie viele Schallplatten müssen die produziert haben, daß eine ihren Weg hierher gefunden hat, in dieses absolute Nichts aus Backstein und Beton, inmitten von Bettlaken und Lavendelunterhosen, die nicht so sehr trockneten als vielmehr Ruß absorbierten! Das ist das ganze Wesen des Kapitalismus, sagte ich zu mir: er gewinnt durch Exzeß, durch Overkill. Nicht durch zentrale Planwirtschaft, sondern durch Hagelbeschuß.

Ich kannte die Melodie teils aus meinem Radio und teils, weil in den fünfziger Jahren jeder Stadtjugendliche seine eigene Sammlung sogenannter »Skelettmusik« hatte. »Skelettmusik« war eine Röntgenaufnahme mit einer hausgemachten Kopie irgendeines Jazzstücks darauf. Die Technik des Kopierprozesses überstieg mein Begriffsvermögen, doch ich bin sicher, daß es eine relativ einfache Prozedur war, denn der Nachschub war regelmäßig und der Preis annehmbar.

Man konnte dieses einigermaßen morbid aussehende Zeug (da spreche einer vom Nuklearzeitalter) auf dieselbe Weise erwerben wie jene Sepiabilder westlicher Filmstars: in Parks, in öffentlichen Toiletten, auf Flohmärkten, in den damals berühmten »Cocktail-Hallen«, wo man auf einem hohen Hocker sitzen, an einem

Milkshake nippen und meinen konnte, man wäre im Westen.

Und je mehr ich darüber nachdenke, desto mehr komme ich zu der Überzeugung, daß es der Westen war. Denn auf den Waagen der Wahrheit wiegt die Intensität der Einbildungskraft soviel wie die Wirklichkeit und zuweilen auch mehr. Sowohl nach diesem Maßstab als auch mit dem Vorteil der nachträglichen Anschauung könnte ich sogar beanspruchen, daß wir die wahrhaften Westler waren: vielleicht sogar die einzigen. Mit unserem Instinkt für Individualismus, der bei jedwedem Anlaß von unserer kollektivistischen Gesellschaft genährt wurde, mit unserem Haß auf jede Form von Zugehörigkeit, sei es zu einer Partei, einer Wohnblockvereinigung oder damals auch einer Familie, waren wir amerikanischer als die Amerikaner selbst. Und wenn Amerika für die äußerste Grenze des Westens steht, für die Stelle, wo der Westen endet, dann befanden wir uns, das muß ich schon sagen, ein paar tausend Meilen draußen vor der Westküste. Mitten im Pazifischen Ozean.

Irgendwann in den frühen sechziger Jahren, als die Suggestionskraft, die von Strumpfhaltern ausging, ihren langsamen Exodus aus der Welt antrat, als wir uns zunehmend auf das Entweder-Oder von Strumpfhosen reduziert sahen, als die Fremden allmählich schon flugzeugladungsweise in Rußland eintrafen, angelockt von seinem billigen, doch äußerst durchdringenden Duft nach Sklaverei, und als ein Freund von mir mit einem leicht verächtlichen Lächeln auf den Lippen anmerkte, es bedürfe vielleicht der Geschichte, um die Geographie zu kompromittieren, da schenkte mir ein Mädchen, dem ich den Hof machte, zum Geburtstag ein akkordeonartiges Set von Postkarten mit Bildern von Venedig.

Sie gehörten, so sagte sie, ihrer Großmutter, die kurz vor dem Ersten Weltkrieg nach Venedig fuhr, um dort ihre Flitterwochen zu verbringen. Es waren zwölf Postkarten, in Sepia, auf billigem gelblichem Papier. Der Grund, weshalb sie sie mir schenkte, war der, daß ich zu der Zeit erfüllt war von zwei Büchern von Henri de Régnier, die ich gerade ausgelesen hatte: beide hatten Venedig im Winter zum Schauplatz. Und so führte ich Venedig im Munde.

Wegen des bräunlichen Tons der Bilder und der schlechten Druckqualität und aufgrund des Breitengrades von Venedig und seiner wenigen Bäume konnte man nicht mit Sicherheit sagen, welche Jahreszeit darauf abgebildet war. Die Bekleidung der Menschen war auch nicht von Hilfe, da alle lange Röcke, Hüte, Zylinder, Bowler, dunkle Jacketts trugen: die Mode der Jahrhundertwende. Die Abwesenheit von Farbe und die allgemeine Düsterkeit der Textur suggerierten, was sie für mich suggerieren sollten: Winter, die wahre Jahreszeit.

Mit anderen Worten, die Textur und die Melancholie, die diese vermittelte, da sie mir in meiner eigenen Heimatstadt so vertraut war, machten diese Bilder verständlicher, wirklicher; jetzt konnte ich die Schönheit des Ortes sehen: es war fast so, als läse man vertraute Briefe. Und ich las sie und las sie immer wieder. Und je öfter ich sie las, desto offenbarer wurde, daß das Wort »Westen« für mich das bedeutete: eine vollkommene Stadt am winterlichen Meer, Säulen, Arkaden, enge Durchgänge, kalte Marmortreppen, abblätternder Stuck, der das Fleisch aus rotem Backstein bloßlegte, Putti, Cherubim mit ihren staubbedeckten Augäpfeln: eine Zivilisation, die sich für die kalten Zeiten wappnete.

Und während ich jene Postkarten betrachtete, tat ich

den Schwur, ich würde, sollte ich je aus meinem Geburtsreich hinausgelangen, im Winter nach Venedig fahren, mir ein Zimmer im Erd-, nein im Wassergeschoß mieten, mich dort hinsetzen, zwei oder drei Elegien schreiben, meine Zigaretten auf dem feuchten Fußboden ausdrücken, so daß sie zischten; und wenn mir das Geld ausginge, würde ich mir keine Rückfahrkarte kaufen, sondern eine billige Pistole und mir auf der Stelle eine Kugel ins Hirn jagen.

Eine dekadente Phantasievorstellung, gewiß. Dennoch bin ich den Parzen dankbar, daß sie es mir ermöglichten, den besseren Teil davon auszuleben. Es ist schon wahr, die Geschichte leistet recht wackere Arbeit, um die Geographie zu kompromittieren. Sie läßt sich nur übertreffen, indem man zum Ausgestoßenen wird, zum Nomaden: ein Schatten, der klöppelspitzenartige Porzellankolonnaden, die sich im Kristallwasser spiegeln, flüchtig liebkost.

*

Und dann war da noch der Citroën 2 CV, den ich eines Tages in einer leeren Straße meiner Heimatstadt geparkt sah, bei dem karyatidengeschmückten Portikus der Hermitage. Er sah wie ein zarter, doch selbstgenügsamer Schmetterling aus mit seinen zusammengefalteten Flügeln aus Wellblech: wie es die Flugzeughangars des Zweiten Weltkriegs waren und die französischen Polizeitransporter immer noch sind.

Ich betrachtete ihn ohne jedes Eigeninteresse. Ich war damals gerade zwanzig, und weder fuhr ich Auto, noch hatte ich den Ehrgeiz, es zu tun. Um in jenen Tagen in Rußland sein eigenes Auto zu besitzen, mußte man wirklicher Abschaum sein oder das Kind eines solchen Abschaums: ein Parteigenosse, ein Akademiker, ein berühmter Athlet. Doch auch dann wäre dein Auto nur Produkt lokaler Fabrikation gewesen, trotz all seiner gestohlenen Blaupausen und des abgeguckten Know-hows.

Das Gefährt stand da, leicht und wehrlos und völlig der Bedrohung ermangelnd, die normalerweise mit Automobilen verbunden ist. Es sah aus, als könne es eher von einem Menschen verletzt werden als umgekehrt. Ich habe niemals ein Metallprodukt gesehen, das so unemphatisch war. Es wirkte menschlicher als manche der Passanten, und in seiner atemberaubenden Einfachheit ähnelte es irgendwie jenen Cornedbeef-Dosen des Zweiten Weltkriegs, die immer noch auf meinem Fenstersims standen. Es hatte keine Geheimnisse. Ich wollte einsteigen und auf und davon fahren – nicht weil ich emigrieren wollte, sondern weil das Einsteigen so gewesen sein mußte, als ziehe man ein Jackett an – nein, einen Regenmantel – und begebe sich auf einen Spaziergang. Allein schon seine seitlichen Fensterklappen sahen nach einem kurzsichtigen, bebrillten Mann mit hochgeschlagenem Kragen aus. Wenn ich mich richtig erinnere, dann war, was ich beim Anblick dieses Autos empfand, das Glück.

Von allen Fahnen bevorzugten wir den Union Jack, von allen Zigarettenmarken Camel; Beefeater von allen Alkoholika. Unsere Wahl war eindeutig vom Gefühl für die Form diktiert, nicht von der Substanz. Gleichwohl mag man uns verzeihen, da unsere Vertrautheit mit dem Inhalt marginal war, denn was Umstände und glücklicher Zufall uns boten, läßt sich nicht als Wahl bezeichnen. Im übrigen waren wir vis-à-vis dem Union Jack und darüber hinaus auch vis-à-vis den Camels gar nicht so festgelegt. Und was die Beefeater-Ginflaschen anbelangt, so äußerte sich ein Freund von mir, als er eine solche von einem Ausländer anläßlich eines Besuchs bekam, wie folgt: So, wie wir unser Vergnügen an den Bildern auf ihren Etiketten haben, haben sie vielleicht ihr Vergnügen an der Abwesenheit jeglicher Bilder auf den unseren. Ich nickte zustimmend. Dann schob er seine Hand unter einen Stapel von Zeitschriften und fischte etwas heraus, was mir als Titelblatt einer Nummer von *Life* in Erinnerung ist. Darauf war das Oberdeck eines Flugzeugträgers abgebildet, irgendwo auf hoher See. Matrosen mit weißen Hemden standen auf dem Deck und schauten empor – vermutlich hinauf zu dem Flugzeug oder dem Hubschrauber, von dem aus sie fotografiert worden waren. Sie standen in Formation da. Aus der Luft war die Formation als E = MC zu lesen. »Hübsch, nicht wahr?« sagte mein Freund. »Hm, ja«, sagte ich. »Wo ist das aufgenommen worden?« – »Irgendwo im Pazifik«, sagte er. »Wen kümmert das schon?«

Knipsen wir also das Licht aus, oder schließen wir fest die Augen. Was sehen wir? Einen US-Flugzeugträger mitten im Pazifischen Ozean. Und wer dort an Deck steht und winkt, das bin ich. Oder am Lenkrad des 2 CV sitzt und fährt. Oder sich in dem »Little basket«-Reim von Ella wiederfindet und singt etc. etc. Denn ein Mensch ist, was er liebt. Deshalb liebt er es ja: weil er Teil davon ist. Und nicht nur der Mensch. Die Dinge sind auch so. Ich erinnere mich an das Gebrüll, das der damals neu eröffnete, von Gott weiß woher importierte Waschsalon amerikanischer Produktion in Leningrad hervorbrachte, als ich meine ersten Blue jeans in eine Maschine warf. In dem Gebrüll war die Freude des Wiedererkennens: alle, die dort in der Schlange standen, haben es gehört. Gestehen wir es also mit geschlossenen Augen ein: wir haben im Westen etwas wiedererkannt, in der Zivilisation; vielleicht dort sogar mehr als zu Hause. Mehr noch, es stellte sich heraus, daß wir bereit waren, für dieses Gefühl zu bezahlen, und zwar recht teuer – mit dem Rest unseres Lebens. Doch etwas Geringeres wäre reinste Heuchelei.

Aus dem Englischen von Jörg Trobitius

Jean-Claude Carrière
Flirt mit der Tragödie

»Die Kinder des Olymp« besiegen den Krieg

Sie gehören zur Verwandtschaft. Alle Franzosen waren
schon bei ihnen zu Besuch, wenigstens einmal, und
können einige ihrer Aussprüche zitieren. Sie sind der
Bruder oder die Cousine, geliebt oder nicht. Wir kennen ihre Vorlieben, wir wissen, wie sie sich anziehen,
wie sie reden, wir kennen sogar ihre Geheimnisse.

Woher stammt dieses Gefühl? Wie kann uns ein
Werk der Fiktion, das während des Krieges geschrieben und hergestellt wurde (mit anderen Worten: der
Zensur unterworfen war), so vertraut vorkommen?
Dieser Film spielt im 19. Jahrhundert, seine Gestalten
sind historisch wenig bekannt, sie entwickeln sich in
den Theatern am »Boulevard du Crime« — in den für
ihre Rühr- und Schauerstücke bekannten Theatern am
Boulevard du Temple in Paris, die es heute nicht mehr
gibt. Wie kommt es, daß wir diese Welt so leicht betreten können? Ich sehe und höre sie noch — alle Freunde
und Kameraden, wie sie aus dem Kino kommen und
mit der Stimme von Pierre Brasseur rufen: »Du wirst
sehen, *mein* Name wird auf diesem Plakat stehen, und
zwar sooo groß!«

Wie kommt es, daß ein Traum, überliefert durch
eine Geschichte, sich uns mitteilt?

Ein Grund ist zweifellos die außerordentliche Leichtigkeit des Zugangs. Für das Publikum sind die Tore
weit geöffnet. Mühelos gelangt man ins Innere. Einfache Charaktere, eine verwickelte, aber klar umrissene
Handlung: Wenn wir einer der Hauptfiguren, die wir

seit zwanzig Minuten aus dem Auge verloren haben, plötzlich wiederbegegnen, haben wir sie nicht vergessen. In wenigen Worten wissen wir alles über sie, alles, was wir wissen müssen. Der Motor, der sie vorantreibt, ist immer sehr einfach gebaut. Ihn treibt die Liebe oder der Ehrgeiz. Wenn eine Frau einen Mann liebt oder umgekehrt, dann fürs ganze Leben, was immer auch geschehen mag, und erwidert wird diese Liebe selbstverständlich nur, wenn die Umstände sie unmöglich machen.

Keine Spur von Dostojewski oder Proust, nicht einmal von Balzac, der jene Theater häufig besuchte. »Die Kinder des Olymp« ist ein Melodram, das mit der Tragödie flirtet, sich aber wohlweislich hütet, deren Dunkelheit, deren Komplexität anzunehmen. Alles Gewaltsame wird gemildert, und die Ermordung des Adeligen wird in Form einer Ellipse dargeboten. Wir erahnen sie in den beunruhigten Blicken eines Komparsen.

In diesem Sinne ist der ganze Film nach dem Bild des von Pierre Brasseur gespielten Frédérick Lemaître geschaffen, der in albernen Melodramen triumphiert und davon träumt, Shakespeare zu spielen. Er kommt auch soweit – einen flüchtigen Moment lang sehen wir ihn in »Othello«. Aber das Ergebnis wirkt nicht überzeugend, zumindest nicht für uns. Lieber ist er uns in einem Stück wie »L'Auberge des Adrets«, das er in einer grandiosen Szene verklärt.

Jacques Prévert hat sich sehr geschickt gegen die »Versuchung Shakespeare« geschützt. Er hat sich ans Melodram gehalten, an das gehobene, für Augenblicke von der Farce gebrochene Melodram, und an die literarische Etage, auf der das Melodram angesiedelt ist. Wahre Schriftstellerbescheidenheit: Von Anfang bis Ende bleibt er, ohne auch nur einmal danebenzugreifen, dem einmal gewählten Ton und Stil vollkommen treu.

Das ist es, was ich – ohne jede Geringschätzung – einen leichten Zugang nenne. Und wir alle haben uns danach gedrängt, einzutreten.

Ein weiterer Grund für diese vertraute Nähe ist offenkundig die Sprache. Man hat es schon oft gesagt: Wir haben es mit einem großartig geschriebenen Film zu tun, voll klingender Aussprüche, in einem Französisch, das aus dem letzten Jahrhundert stammen könnte, das wir dennoch heute mühelos verstehen, in einer Sprache, die Prévert tausend Einfälle und Pirouetten eingibt. Besonders der Text des Kleiderhändlers – den man leider ziemlich schlecht versteht, weil Pierre Renoir ihn so schnell spricht und die Wörter in seinem falschen Bart verschluckt – lohnt die Mühe einer genauen Lektüre. Prévert breitet hier wie zum reinen Vergnügen die ganze deftige Kraft, den ganzen Erfindungsreichtum des Volkes aus, und das Volk erkennt sich darin wieder.

Ein anderer Hinweis: Alle Figuren sprechen so, wie es ihrem Rang, ihrer gesellschaftlichen Befindlichkeit entspricht. Der Pantomime Debureau drückt sich mit einer gewissen Unbeholfenheit aus, sucht nach Worten. Dagegen ist Frédérick Lemaître der blendende, zungenfertige Causeur, ganz Redeschwall. Der Adelige züchtigt seine Sprache und seine Gesten. Der Verbrecher Lacenaire, der von literarischem Ruhm träumt, berechnet seine Wendungen und seine Wortwahl. Er ist aber gegen allerlei übergewichtige Phrasen nicht gefeit. Und Garance schließlich, im ersten Teil ein Straßenmädchen, wird im zweiten zur großen Dame. Ihre Sprache verändert sich, wie es nicht anders sein kann, und selbst die berühmte Spottlust der Komödiantin läßt nach.

Und so weiter. Alle Figuren haben ihre eigene Sprache. Und doch spricht durch sie alle auch Prévert. Wir stoßen hier fast beiläufig auf das eigentliche Geheimnis des dialogischen Ausdrucks. Ein kleines Wunder, das Prévert selbst später nicht noch einmal vollbracht hat, nicht auf diesem Niveau. Ohne Zweifel fühlte er sich in dieser Epoche und in diesem Milieu besonders wohl. Er hat keinen zweiten Ausflug dorthin unternommen. Eines Tages, wenn sich die Jahrhunderte in Epochen auflösen und mit diesen vermischen (so wie es für uns schon der Fall ist, wenn wir eine mittelalterliche Handschrift vage der Zeit zwischen dem 9. und dem 16. Jahrhundert zuordnen), wird »Die Kinder des Olymp« vielleicht ein Film des 19. Jahrhunderts, ein Zeitdokument sein, und zerstreute Chronisten werden berichten, wie Prévert bisweilen mit Alexandre Dumas und Baudelaire soupiert hat.

Aber das gesprochene Wort, so glänzend es sein mag, reicht nie aus, um uns ganz zu erfüllen. Ich glaube, die große Kraft dieses Films, noch jenseits der gelungenen Verbindung von Drehbuch und Inszenierung (die stets eine notwendige Voraussetzung ist), jene Kraft, die es ihm erlaubt, mit sicherer Grazie das Melodram aufzubrechen, vergessen zu machen, zu verwandeln, rührt aus dem Schweigen.

Dieses Schweigen bildet die Mitte des Films. Es ist ihm unentbehrlich, denn es ist die Ausdrucksweise einer der beiden Hauptgestalten, des Pantomimen Debureau. Unentbehrlich auch deshalb, weil die Urheber dieses Films mehrere Pantomimen vollständig aufgenommen und jedesmal auf höchst originelle und

---

Jean-Louis Barrault in »Les Enfants du Paradis« (Die Kinder des Olymp). Regie: Marcel Carné, Frankreich 1945   ▷

kühne Weise mit der Handlung verknüpft haben. Wir haben sogar den Eindruck, das Kino kehre hier zu seinen Anfängen zurück, die bekanntlich stumm waren. In diesen Augenblicken scheint für den Betrachter des Films jede Distanz zu verschwinden, wie gebannt folgen wir den exemplarischen Gesten von Jean-Louis Barrault, unser kritischer Verstand setzt aus, unser Wissen um kulturelle Zusammenhänge verblaßt, wir werden wieder zu Kindern, zu Kindern eines Olymps des wiedergefundenen Augenblicks.

Der übermäßig begabte Dialogschreiber hat sich auf eine sehr elegante Weise vor dem Schweigen verbeugt. Insgeheim danken wir ihm dafür. Es ist ein Teil unserer selbst, den er uns enthüllt.

Andere Aspekte wären zu berücksichtigen. Unmöglich, zu vergessen, daß wir uns in der künstlichen Welt des Schauspiels bewegen und daß wir alle gern spielen. Hier sind es Rollen, die uns angeboten werden und zwischen denen wir nach unseren Vorlieben auswählen können. Im Gymnasium haben wir darüber gestritten, wer der Beste sei: Debureau oder Frédérick Lemaître? Pierre Brasseur oder Jean-Louis Barrault? Jeder traf seine Entscheidung nach den eigenen Wünschen, den eigenen Hoffnungen. Dieser Film ist ein kleines tragbares Theater, das wir auf unserem Speicher aufheben. Von Zeit zu Zeit steigen wir zu einem heimlichen Besuch hinauf. Sobald wir es in Gang setzen, erkennen wir es auf der Stelle wieder. Und seine Schubladen sind unerschöpflich.

Ein anderes Wunder – man hat es schon oft gesagt – ist die Besetzung. In keiner anderen Epoche des französischen Kinos hätte man eine ähnliche Familie von Schauspielern zusammenbringen können. Die einzige Ausnahme bildet vielleicht Pierre Renoir in der Rolle des Kleiderhändlers. Marcel Carné erzählt, zu Beginn der Dreharbeiten habe Robert Le Vigan diese Figur auf seine (unnachahmliche) Weise verkörpert, doch bei der Befreiung Frankreichs durch die Alliierten mußte er wegen einiger Vergehen als Kollaborateur fliehen. Alle Szenen, in denen er auftrat, wurden neu gedreht.

Man erzählt auch, daß im Jahre 1945 in Nizza, mitten in die Dreharbeiten hinein, die Landung der amerikanischen und englischen Truppen in der Provence stattfand. Militärflugzeuge donnerten durch den Himmel, und Marcel Carné, zitternd vor Wut, rief ihnen nach: »Wollt ihr jetzt nicht mal Schluß machen? Wir drehen hier einen Film!«

Man hält den Krieg für sehr wichtig. Man hält ihn sogar für entscheidend. Seine Auswirkungen sind furchtbar traurig und, im Falle des Sieges, erfreulich. Er hinterläßt überall Wunden. Und doch scheint sich in diesem speziellen Fall der Film gegenüber der Landung durchgesetzt zu haben. Die Kunstwelt des Schauspiels und die Verkleidungen eines verschwundenen Jahrhunderts scheinen uns seltsamerweise realer als eine heute in Vergessenheit geratene Militäroperation. Zum Théâtre des Funambules finden wir leichter Zugang als zu unseren Geschichtsbüchern. Wir dringen in unsere Adoptivfamilie ein. Das Flüchtige hat sich dauerhaft gemacht. Unsere Zelluloidbrüder und -vettern haben den Tod besiegt. Sie sind da und erwarten uns, immer jung, immer leidenschaftlich. Mit ihnen ist das Melodram auf dem Weg in die Ewigkeit. Sie nehmen uns auf, ohne viel Umstände zu machen, denn trotz ihrer Berühmtheit sind sie einfache Leute geblieben. Mühelos lassen wir uns in ihrer Gesellschaft nieder. Ihre Masken sind uns lieber als unsere Gesichter.

Aus dem Französischen von Reinhard Kaiser

John Updike
Einsam im Matrosenanzug

Liebt mich, sagt Gene Kellys Musical
»On the Town«

Er hatte alles, was sich ein Tänzer wünschen konnte,
außer einer Ginger Rogers. Er tanzte herzerwärmend
mit Leslie Caron, voll Ironie mit Debbie Reynolds, in
großem Schwung mit Judy Garland, federleicht mit
Rita Hayworth, grüblerisch mit Vera-Ellen und höchst
respektvoll neben der statuarisch maskenhaften Cyd
Charisse – aber dennoch sehen wir, wenn wir an Gene
Kelly denken, einen Burschen mit Stepschuhen und
einem engen T-Shirt vor uns, der wie ein Wirbelwind
seine Einsamkeit umtanzt. An seinem Körper und seinen Gesichtszügen war nicht das geringste auszuset-
zen; über dem linken Mundwinkel hatte er eine rüh-
rende kleine Narbe, und die Tanzfilme, deren Star er
war, ließen die jeweilige Traumfrau zuverlässig in seinen Armen landen. Und trotzdem blieb rund um sein
Leinwandbild nie genügend Raum, in den die Haus-
frau im dunklen Kinosaal ihre eigene Sehnsucht proji-
zieren konnte. Selbst der schlappe Bing Crosby mit
seinen Henkelohren und seinem Haarausfall brachte
mehr Herzen zum Schmelzen. In der Drei-Männer-
Eskapade »On the Town« – für den hier schreibenden
Kinogeher das beste Kelly-Musical von allen – spielt
Frank Sinatra einen sexscheuen Schwachkopf, doch
selbst in dieser komischen und untergeordneten Rolle
strahlt er noch jene geheimnisvolle Anziehung, die
dunkle Abgründigkeit widersprüchlichster Möglichkeiten aus, über die Kelly bei aller Verschwendung

seiner funkelnden, genialischen Talente kaum je gebietet.

Ganz anders – um den unvermeidlichen Gegenpol zu nennen – haben Millionen von Hausfrauen in dunklen Kinosälen davon geträumt, mit Fred Astaire zu tanzen. So vergleichbar die beiden Tänzer in ihrer Intelligenz und in der Hingabe an ihre Arbeit sein mögen, so verschieden war ihre künstlerische Herkunft. Astaire begann seine Laufbahn auf der Vaudeville-Bühne, als Tanzpartner seiner Schwester Adele, und er lebt in unserer Erinnerung als der Inbegriff des Gesellschaftstänzers, der mit seiner Partnerin im Arm schwerelos durch einen glitzernden, überirdischen Raum schwebt. Der dreizehn Jahre jüngere Gene Kelly, der bekannt hat, zu manchen seiner Schrittfolgen von den Eishockeyspielen seiner Jugend angeregt worden zu sein, kam für die nostalgische Eleganz dieser Ballroom-Tradition zu spät.

Niemand hat in den Nachkriegsjahren härter als er daran gearbeitet, die engen Grenzen des Filmmusicals zu erweitern. Bei seinem Regiedebut als Co-Regisseur von »On the Town« (Heut' gehn wir bummeln, 1950) überzeugte er die Bosse von MGM, die sich damals nur höchst widerwillig aus ihren Ateliers in Culver City herauswagten, ihn an den Originalschauplätzen der Handlung in New York drehen zu lassen. In nur drei gehetzten Drehtagen fingen er und sein Team all die Stadtmotive ein, die dem Film, zwischen die Studioaufnahmen geschnitten, seine für ein damaliges Musical beispiellose Weiträumigkeit verleihen. Mit einem Budget von nur anderthalb Millionen Dollar in nicht mehr als sechsundvierzig Tagen abgedreht, ist »On the Town« – das mit dem gleichnamigen Broadway-Musical von Leonard Bernstein nicht mehr allzu viel gemein hat – ein Lieblingskind von Gene Kelly geblieben, von dem er so stolz wie zutreffend sagt: »Mit ›On the Town‹ war für das Filmmusical ein Tor aufgestoßen.«

Bei der Wiederbegegnung mit »On the Town« auf Video stellte ich fest, daß ich von der ersten bis zur letzten Minute lächelte. Fast nichts wirkt abgestanden an diesem Film und überhaupt nichts peinlich – so wie etwa das aufgedonnerte Ballett in »Ein Amerikaner in Paris« (1951) oder die übertriebene Quäkstimme, derer sich Jean Hagen in »Singin' in the Rain« bedienen muß. Die ersten Einstellungen mit der unwirklichen Skyline von Manhattan im Morgengrauen, das überraschende Einsetzen von Gesang mit der Stimme des verschlafenen Hafenarbeiters und die zeitlose Theatralik von Matrosenanzügen heben die Handlung schlagartig auf eine Ebene, auf der alles glaubhaft wirkt und Gesang und Tanz alltäglich sind. Neben der Freiheitsstatue und dem Rockefeller Center glänzen in »On the Town« die atemberaubenden Stepkünste von Ann Miller und etliche postmoderne Dialogpassagen: Betty Garrett als verliebte Taxifahrerin Brunhilde Esterhazy sagt zu Sinatra: »Ich mag dein Gesicht. Es ist offen, falls du verstehst, was ich meine. Es ist nichts drin. Es ist genau das Gesicht, in das ich mich reinfallen lassen könnte. Küß mich.« Alice Pearce, die die heute undenkbare Rolle eines komischen häßlichen Mädchens spielt, sagt nach einem kurzen Rendezvous mit Kelly: »Wenigstens kann ich jetzt etwas in mein Tagebuch schreiben. Bisher hab ich's nur für die Wäschelisten verwendet.« Nicht ganz so gut wie Congreve oder Shaw, aber schnippisch, scharf und süß.

»On the Town« ist der Glücksfall eines ambitionierten Films, dem man seine Ambition nicht anmerkt. Ein Jahr später ließ Kelly seinem Ehrgeiz die Zügel schießen, als er – als Star und Choreograph von »An American in Paris« – zu demonstrieren versuchte, was Tanz

44

Vera Ellen und Gene Kelly in »On the Town« (Heut' gehn wir
bummeln). Regie: Gene Kelly/Stanley Donen, USA 1949

für ihn und für das Kino bedeutete. Seine Schwäche für alles Französische verleiht vielen Episoden etwas Anrührendes und die knabenhafte Heldin, die er sich als Partnerin gewählt hat – die achtzehnjährige Ballerina Leslie Caron – wird geradezu väterlich geführt. Doch der mürrische Oscar Levant gereicht dem Film so wenig zum Vorteil wie der Franzose Georges Guétary, der einfach zu wenig zu tun hat, und die undurchsichtige Affäre, die der von Kelly gespielte Maler mit seiner reichen Gönnerin Nina Foch unterhält, hat einen unechten Beigeschmack, der nicht weichen will. Das Ballett zur Musik von George Gershwins »Amerikaner in Paris«, in dem der Film kulminiert, erscheint dem heutigen Betrachter mit seinen französischen Malerkulissen und seiner elektrischen Betriebsamkeit als ziemlich saurer Kitsch, während die Tanznummern der schmalzigen Rogers/Astaire-Farcen aus den dreißiger Jahren immer kostbarer und reiner wirken.

Es ist dieser undankbare, aber kaum zu umgehende Vergleich, der Gene Kellys Nachruhm zusetzt. In der Blütezeit des Hollywood-Musicals, als das Genre populär und reich bestückt war, konnte sich Kelly mit seinem darstellerischen Überschwang und seiner Aufgeschlossenheit für alles Neue an die Spitze setzen. Heute erinnern sich viele an ihn nur als den, der nicht Astaire war – ein selbstverliebter Springinsfeld mit einem schiefen Grinsen, der das Hollywood-Musical in die Grube tanzte.

Die Astaire-Filme der dreißiger Jahre wurden für ein riesiges Publikum ohne Alternativen gedreht, für das Amerika der Depression, in dem es wenig mehr zur Unterhaltung gab als das junge Radio. Gene Kellys Nachkriegsfilme mußten gegen das aufstrebende Fernsehen antreten, das immer größere Teile der erwachsenen Mittelschichten an den häuslichen Bild-

schirm fesselte. Die wütende Energie von »Singin'
in the Rain« (1952) strahlt eine Verzweiflung aus, die,
wie Cinerama oder die monumentalen Bibelfilme
der fünfziger Jahre, das Pantoffelkino durch größere
Lautstärke und grelleres Licht zu übertrumpfen versucht. Donald O'Connors übertourte Akrobatik bei
»Make 'em Laugh« und Kellys delirierendes Wasser-
patschen im berühmten Titelsong haben etwas Über-
triebenes, um Aufmerksamkeit Buhlendes an sich. Die
schönste Nummer bleibt im Vergleich das entspannte
und altmodische Möbelballett, das O'Connor, Kelly
und Debbie Reynolds zu »Good Mornin'« aufführen.
(Man fragt sich, wie viele amerikanische Sitzmöbel den
Versuchen jugendlicher Nachahmungstäter zum Opfer gefallen sind, eine so exakt ausbalancierte Sofa-
Rolle zustande zu bringen, wie sie die drei Tänzer am
Schluß des Songs frontal zur Kamera vollführen.)
Selbst der nostalgische Hintergrund der Handlung –
der kritische Augenblick, als der Stummfilm sprechen
lernte – hat einen flehenden Unterton: *Liebt uns*,
sagen diese Filme, *wie ihr uns immer geliebt habt*. Doch
keine Brillanz der Darstellung, keine Breite der Leinwand, keine neuen Nuancen der Farbigkeit (die Filme
der frühen Fünfziger sehen alle blau aus – jedermann
trägt taubenblaue Anzüge und sogar blaue Filzhüte)
konnten die Massen in die Kinos zurücklocken.

Es war die unvermeidliche Künstlichkeit des Filmmusicals, der sich das Publikum zu verweigern begann
– bis hin zu dem Wunsch (dem in ausländischen Ver-
leihfassungen gelegentlich auch nachgegeben wurde),
die Songs aus den Filmen herauszuschneiden. Fast
immer ist es ein heikler, potentiell befremdlicher Moment gewesen, wenn die Musik anschwillt und der
Held oder die Heldin tief Atem holt, um seinem oder
ihrem Gegenüber eine Melodie ins Gesicht zu singen.

Aber wir haben es uns gefallen lassen, jahrzehntelang und mit Vergnügen, als eine in Film umgesetzte Form von Bühnenmagie. Gesang und Tanz reichen bis an die Anfänge des Theaters zurück. Die altgriechischen Tragödien wurden zum Teil gesungen und Shakespeare denkt sich nichts dabei, ein Lied einzuflechten. Allein dadurch, daß wir uns in einem Theater versammeln, ermächtigen wir die Schauspieler, alles Menschenmögliche zu tun, um uns zu unterhalten – zu singen, zu tanzen, zu jonglieren, sich auf den Kopf zu stellen. Die lebendige Gegenwart der Darsteller macht das Theater zu einem gesellschaftlichen Ereignis, bei dem die festliche Kleidung des Publikums den Kostümen auf der Bühne entspricht. Sobald das Kino seine Kinderstube der statisch abgefilmten Theatervorstellung mit Bühnenrahmen und Rampenlicht hinter sich gelassen hatte, wandte es sich dem Innenleben seiner Figuren zu: Es wurde zu einer Art von sichtbarem Roman, der in intimer Dunkelheit betrachtet wurde und mit den Möglichkeiten der Kamera immer geschickter die verschiedenen Ebenen des Bewußtseins nachstellte.

In dem Maße, in dem das amerikanische Publikum den lebendigen Kontakt zu Vaudevillebühnen, reisenden Opernkompanien und Provinztheatern verlor und das Klavier aus seinen Wohnstuben verbannte, wurden ihm auch die Konventionen der musikalischen Komödie fremd. Eine gewisse Fremdheit war diesen Konventionen von Anfang an eigen. Die Mehrzahl der Musicals spielte im Umfeld des Showbusiness, dessen Angehörige naturgemäß über sängerische und tänzerische Fähigkeiten verfügen und sie auch im Privatleben überzeugend zum Einsatz bringen können. Doch Schauspielerinnen und Schauspieler machen nur einen Bruchteil der Menschheit aus, und die Welt hinter der Bühne ist eine enge Welt. Schließlich wurde sie zu eng. Wirkliche Menschen im wirklichen Leben singen und tanzen nicht, und nur den wenigsten Musicals – »On the Town«, »Oklahoma!«, »West Side Story« – gelingt es, uns vom Gegenteil zu überzeugen.

Betrachtet man den besonderen Widerstand, der dem Hollywood-Musical außerhalb Amerikas entgegengebracht wurde, so ließe sich vermuten, daß diese Filme etwas spezifisch Amerikanisches transportieren: einen unerschütterlichen Optimismus und eine elektrisierende Arbeitsethik. Vom athletischen Körperbau der Darsteller bis zu den schwindelerregenden Formationen kaum überschaubarer Mengen von Tänzer- und Schwimmerinnen herrscht eine heitere Atmosphäre industrieller Geschäftigkeit. Der Stil der Bilder mag unbekümmert scheinen – schau her, Mom, ich kann steppen! –, aber ihre Botschaft ist Macht, jene amerikanische Macht, die die Emanzipationen der Demokratie in jedermann freisetzen. In dieser Fabrik amerikanischer Selbstfeier war Gene Kelly, der sich vom Fließband auf die Managerebene des Choreographen und Regisseurs hocharbeitete, eine Idealbesetzung – gleichermaßen zupackend wie keusch.

Die Musicals handelten von Sex, aber dieser Sex war puritanisch glattpoliert. Sie demonstrierten dem Publikum, was *making love* im ursprünglichen Sinn des Wortes bedeutete, in dem Sinn, den auch William Dean Howells meinte, als er in seinem venezianischen Reisebericht von einem »müßigen Mädchen« schrieb, »das, halb über die Brüstung des Balkons gelehnt, die Passanten unter sich mit Sorgfalt musterte und, wie ich vermutete, auf diese entfernte Weise und in dieser unbequemen Haltung irgend jemandem in der Menge seine Liebe darbot«. *Making love* heißt, den Weg zu dem Kuß zu finden, bei dem abgeblendet wird, und alles Weitere ungesagt zu lassen. Auf die Frage: »Wie kriege ich ein Mädchen/einen Kerl?« antwortete das Hollywood-Musical: »Tanz' mit ihr, sing' mit ihm.« Immer wieder, nach dem verbalen Schlagabtausch, verschmelzen ihre Stimmen im Gesang und ihre Körper im Tanz: Ginger Rogers und Fred Astaire, Howard Keel und Kathryn Grayson, Gene Kelly und wer auch immer. Etwa um 1955 waren sie endgültig dahingeschmolzen. Die Musikfilme, die danach noch Kasse machten, hatten Stars wie Elvis Presley. Die Melodie änderte sich – der Rock 'n' Roll (schon das Wort klingt verwegen und sündhaft) ließ die verfeinerten Sublimierungen der musikalischen Komödie unverständlich, wenn nicht albern wirken: Wieder einmal war eine Sprache zu einer toten Sprache geworden. Kaum jemand hat sich ihrer, als sie lebendig war, mit größerer Geschmeidigkeit bedient als Gene Kelly, und keiner hat mitreißender als er den Schwung Amerikas verkörpert.

Aus dem Englischen von Thomas Piltz

Krzysztof Kieślowski
Gesichtsschatten

»Das Schweigen« von Bergman ist eine Tatsache

Das Schweigen von Bergman schmerzt gleichermaßen wie das Schweigen von Fellini, die Abwesenheit
von Buñuel und Tarkowski, die schönen, aber nicht
mehr ergreifenden Filme von Kurosawa und die miß-
lungenen Filme von Wajda. Man muß klar sagen, daß
wir, die um eine oder zwei Generationen Jüngeren, es
nicht vermocht haben, sie zu ersetzen. Offengestan-
den, wenn ich an das gegenwärtige Kino denke, habe
ich immer öfter das Bild eines Friedhofs vor den
Augen. Gräber und einige ältere, an sie angelehnte
und unsichere Herren mit vorsichtigen Bewegungen,
und nebenan eine Autobahn, voll von schnellen, tech-
nisch perfekten, aber sich wie zwei Tröpfchen Wasser
ähnelnden Autos.
   Ich überlege, was vor dreißig Jahren »Das Schweigen« von Bergman von anderen Filmen dieser Zeit
unterschieden hat und warum so viele Menschen in so
vielen Ländern der Welt diesen Film sehen wollten. Es
war der Ton. Etwas, was sich in Worten schwierig
ausdrücken läßt und doch während der Filmvorfüh-
rung und noch lange nach ihr fühlbar und einleuch-
tend ist. Es ist Bergmans erster dermaßen kompromiß-
los persönlicher und im Stil und in der Erzählweise so
homogener Film. Siebzehn Jahre Arbeit hat er ge-
braucht (»Die Krise« als Beginn stammt von 1945, »Das
Schweigen« von 1962), um einzusehen, daß die Kraft
eines Films die mitleidlose Aufrichtigkeit des Autors
bildet und seine Courage, keinen einzigen Schritt zu-

rückzuweichen. Nicht die philosophischen Konstruktionen, wie in dem »Siebenten Siegel« (den ich nicht mag), nicht die originellen und schönen Bilder der Träume, der beklemmenden Nachtmahre, wie in »Wilde Erdbeeren«, auch nicht die sozialen Erklärungen für die dramatischen Ereignisse in »Monika« (den ich sehr mag), wohl aber das vielschichtige Porträt der Gefühle, die wir alle erfahren und alle verstehen, weil wir ständig zwischen den Gefühlen der Liebe und des Hasses, der Angst vor dem Tod und dem Wunsch nach der Ruhe, der Eifersucht und der Großzügigkeit, der schmerzlichen Erniedrigung und der wollüstigen Begierde einer Rache zugleich zerrissen sind und zittern.

»Das Schweigen« spielt in der erdrückenden, schwülen Atmosphäre eines heißen Tages und einer heißen Nacht, in denen Platz vorhanden ist für die Erotik und für die Begierde, nicht aber für die Liebe, und wo der Mangel an Erbarmen und an Mitgefühl, zumindest an Verständnis füreinander, zu einem bereits völlig natürlichen Zustand geworden ist. In diesem düsteren, finsteren, erschlagend traurigen Film pocht dennoch die ganze Zeit, außerhalb der Aktion und der Dialoge, das unbegründete Lichtlein der Hoffnung. Ich weiß, woher die helle Spur trotz der Düsterkeit des Films rührt: aus Bergmans tiefem Glauben an die Menschlichkeit, auch die Umstände oder Gefühle, die Protagonisten zur Grausamkeit und zur Rücksichtslosigkeit zwingen. Anzumerken, daß jene Hoffnung mit dem kleinen Johann (Jörgen Lindström) zusammenhängt, somit auf die Präsenz des Kindes im Film zurückzuführen ist, würde mir zu einfach erscheinen. Sie zu erblicken in dem Brief, den Ester (Ingrid Thulin) an den Jungen schreibt, bevor sie verlassen wird, käme mir ebenso unbedarft vor, wie sich im Glauben zu wiegen, daß die

Hoffnung in den Worten der fremden Sprache enthalten ist, welche Ester verstehen kann und die sie für den Jungen übersetzt, um sie jetzt Johann schenken zu können. Noch unpassender wäre es, die Hoffnung in der Figur des alten Hotelboys (Håkan Jahnberg) wahrnehmen zu wollen, der der kranken Ester hilft, sie mit Schnaps und Essen beliefert, ihr die verschwitzte Stirn wischt und mit Johann spielt.

Nein. Die im Film kaum bemerkbare und doch ständig präsente Hoffnung ist tiefer verborgen. Sie liegt in der zarten, fast flüchtigen Geste von Ester, die beim Anblick der nackt schlafenden Anna (Gunnel Lindblom) und des sich an sie schmiegenden kleinen Johann mit der Hand innehält und vor der Streichelgeste zurückschreckt. Weil sie die Geste, die ein Gefühl verrät, nicht zulassen will? Wahrscheinlich. Weil sie das Anzeichen der Liebe fürchtet? Ja. Es liegt verborgen in der heftigen Reaktion von Anna, nachdem sie Ester gedemütigt hatte, als sie sich von ihr in den Umarmungen eines zufälligen Liebhabers ertappen ließ und sie jetzt mit einer grausamen Genugtuung über den zugefügten Schmerz auslacht, um plötzlich vom schrillen Lachen in das Weinen auszubrechen, das genauso verzweifelt ist, wie haßerfüllt zuvor ihr Lachen war. Warum lacht Anna? Weil sie ihre Schwester haßt. Warum weint sie dann? Weil sie sie liebt.

Liebe, die man sich gegenseitig nicht mehr erweisen kann, wenn man in den gegenseitigen Feindlichkeiten und Demütigungen so weit gegangen ist, Liebe, die man vor sich selbst nicht mehr gestehen kann, bildet das verborgene, unsichtbare, aber durchgehend präsente Lichtlein der Hoffnung im »Schweigen«. Wie groß mußte die Liebe von Ester und Anna in der Kindheit gewesen sein, bevor sie entdeckt haben, daß der Vater sie mit einer enormen, aber durch sie beide

Gunnel Lindblom und Jörgen Lindström in »Tystnaden« (Das Schweigen). Regie: Ingmar Bergman, Schweden 1963

als ungerecht empfundenen Liebe beschenkt? Wann passierte das? Wann haben sie das verstanden? War es nur ein Wort oder eine Geste des Vaters? Nur ein Blick vielleicht, mit dem eine Eifersucht begann, die später in den genußbringenden Haß umschlug? Irgendwann, irgendwo hat jemand einen Fehler gemacht. Wer? Der Vater? Eine von den Schwestern? Die Mutter, die im Film mit keinem einzigen Wort erwähnt wird? Heute – aus der Perspektive von »Fanny und Alexander« (die Mutter findet sich schnell mit dem Tod des Vaters ab und heiratet einen strengen Pastor) – scheint es, daß die Mutter es gewesen sein muß.

»Das Schweigen« von Bergman ist ein Rätsel. Niemals werden wir erfahren, warum und wohin die Schwestern auf die Reise gegangen sind. Wir werden

nicht erfahren, warum sie in einer fremden, uns unbekannten Stadt, in der kein Deutsch, kein Englisch, kein
Französisch oder Schwedisch gesprochen wird und wo
Passanten kein einziges Wort miteinander wechseln,
angehalten haben. Wir werden nicht erfahren, was das
für ein Land ist und gegen wen es den Krieg führt. Wir
werden nicht erfahren, ob Ester in dieser Stadt sterben
wird. Wir werden nicht erfahren, was in Esters Brief an
Johann stand. Ich denke, Bergman weiß es auch nicht.

»Das Schweigen« von Bergman ist Tatsache. Wenn
ich sein Bild von vor einem, zwei Jahren betrachte,
preßt sich mein Herz zusammen. Er schaut ins Objektiv, seine linke Hand hat er um die Schulter von Bille
August gelegt, freundlich, aber keineswegs übertrieben. Er hat ein bis zum Hals geschlossenes Hemd an
und eine Jacke, die der ähnlich ist, die er auch früher
trug; es ist eine schlichte Männerjacke ohne Aufschläge
und mit einem ziemlich hoch angenähten Kragen. Er
lächelt etwas unbestimmt. Die ins Objektiv schauenden
dunklen Augen mit den charakteristischen, nach unten
verlaufenden äußeren Augenwinkeln sind leicht trüb,
abwesend. Dieser Mensch, Filmregisseur, hat wie kaum
jemand anderer, vielleicht sogar als einziger in der
Welt über die menschliche Natur so viel zu sagen
gewußt wie Dostojewski oder Camus.

»Das Schweigen« hat er sehr schlicht konstruiert.
Alles Überflüssige ist entfernt worden – entweder war
es bereits im Drehbuch nicht vorhanden, oder er hat
die überflüssigen Szenen, Dialoge und Situationen
während der Montage ausgemustert. Es kommen im
Film keine Einstellungen beziehungsweise Passagen
vor, die dazu dienen würden, den Ort der Aktion zu
bestimmen. Es gibt keinen *establishing shot,* keine Einstellungen, die dazu dienen, den Ort der Handlung zu
bestimmen. Die Protagonisten befinden sich im Zug

und unmittelbar danach im Hotel. Wir sehen sie nicht vom Zug aussteigen, durch die Stadt fahren oder ein Taxi suchen. Wenn Anna durch die Straßen geht, dann nicht, um sich von einem anderen Ort fortzubewegen, sondern damit wir die in ihr steigende Begierde wahrnehmen können. Sie geht also schnell (nach rechts) an schweigenden Passanten vorbei, beschleunigt beim Überqueren der Straße, die ganze Zeit unter dem Eindruck der brutalen, erotischen Szene, die sie kurz vorher, im Cabaret, gesehen hat. Dann bleibt sie plötzlich stehen. Sie hält einen Augenblick inne. Sie kehrt um. Sie geht jetzt (nach links) langsamer und ihre Hüften leicht schwingend.

Sie kehrt in das Café zurück, wo vorher der Barmann absichtlich für eine Weile Münzen zu Boden fallen ließ, um ihre Knie zu betrachten. Sie bleibt zwischen den Tischen stehen. Sie wartet einen Augenblick, bis der Barmann erscheint; sie blickt ihn kurz an und verläßt das Bild. Der Barmann, während er ihr noch hinterherschaut, geht auf seinen Kollegen zu; wir begreifen, daß er ihn um die Vertretung bitten wird. Schnitt. Anna, von Ester beobachtet, kommt in das Hotelzimmer. Sie zieht ihren Schlüpfer aus und legt ihn in das Waschbecken, um ihn zu waschen. Sie tut es fast im Off-Bild. Das ist nicht der Prüderie von Bergman zuzuschreiben – wir sehen genau soviel, wie es nötig ist, uns denken zu können, daß sie den Schlüpfer auszieht, weil sie üblen Nachgeschmack zu dem empfindet, was in ihrem Schlüpfer von dem Geschlechtsverkehr mit dem Barmann übrigbleiben mußte.

Um die Szene auf der Straße erzählen zu können, hat Bergman vier Einstellungen benötigt. Die Szene mit dem Waschen des Schlüpfers ist in fünf Einstellungen gelöst worden. In seinem Buch »Bilder« (Pictures) beschreibt Bergman, daß er für die Szenen im Café und im Cabaret zu wenig Geld hatte, und führt gleich zu Recht an, daß der Geldmangel dem Film nicht immer schadet. Die beiden Szenen sind in ihrer Bescheidenheit ausdrucksstark und dramatisch. Die Filmmontage ist hart, sie benutzt Schuß und Gegenschuß und deutliche Schnitte. Mehrfach verwendet Bergman die Parallelmontage zum Aufrechterhalten der Spannung. Zweimal versucht er, wenn ich mich richtig erinnere, die »Montage« innerhalb des Bildes zu inszenieren. Zuerst am Anfang, in der Szene im Zug (die erste Filmeinstellung), und es ist kein Eingriff von feinstem künstlerischem Rang. Und dann wieder in der schönen Gesprächsszene mit den Schwestern, inszeniert in einer Dämmerung am Hotelfenster. Es ist die Szene, in der die lügende Anna bei ihrer Schwester den Ausbruch der Eifersucht provoziert. Die graufarbenen Gesichter von Ingrid Thulin und Gunnel Lindblom, fotografiert in großen Nahaufnahmen, werden durch die Kamera von Nykvist in den zeitlich perfekt gewählten Momenten durch präzise Schärfeverlagerungen aufgefangen.

An einer Einstellung möchte ich länger verweilen. Sie dauert nur einige Sekunden, vielleicht sieben, vielleicht vier. Ich habe bereits erwähnt, daß in dem Land, in dem die Protagonistinnen anhalten, ein Krieg geführt wird oder gerade zu Ende geht. Der Krieg wird dem Zuschauer nur über einige Signale vermittelt, doch es ist klar, daß es Krieg gibt.

Die Nahaufnahme einer Wasserkaraffe mit einem neben ihr stehenden Glas. Die Karaffe und das Glas beginnen zu vibrieren. Auf der Wasseroberfläche erscheinen die ersten zarten Falten der Wellen. Man hört das unangenehme, schwere Geräusch großer Maschinen, nach einem Augenblick sieht die aus dem Fenster schauende Anna (vielleicht Ester?) die durch eine Straße rollende Panzerkolonne. Eine perfekte Verkür-

zung, erreicht durch die Filmmontage. Eine scharf-
sinnige Art, die Metapher als Ankündigung für eine
vollkommen reale Tatsache zu benutzen. Ich erinnere
mich noch an das Déjà-vu-Gefühl, als ich bei der Aufführung von »Die unerträgliche Leichtigkeit des Seins«
in der Regie von Kaufmann die Szene sah, in der die im
Schrank vibrierenden Gläser die Ankunft der sowjetischen Panzer in Prag von 1968 ankündigten. Ich hatte
damals das Gefühl, als ob ich diese Idee schon von
irgendwo kennen würde. Und jetzt, nach Jahren, während ich »Das Schweigen« sehe, fällt es mir wieder ein.
Bergman. Es ist nichts Schlimmes daran, jemanden zu
zitieren oder ihn nachzuahmen. Das Problem ist vielmehr, tatsächlich die besten Vorbilder nachahmen zu
können. Kaufmann hat sich dieser Aufgabe gut ent-
ledigt. Bergman übrigens auch: Die Aufnahme von
Johanns Gesicht und den auf dem Gesicht vorbeizie-
henden Panzerschatten hat ihre Entsprechung in der
Filmgeschichte – in »Ankunft eines Zuges auf dem
Bahnhof« von Méliès, einem der ersten Filme, die in
der Welt entstanden sind.

In vielen seiner Filme berührt Bergman den Tod.
Seine verstorbenen Protagonisten haben sogar die Lebendigen besuchen können (»Fanny und Alexander«).
Auch in »Das Schweigen« ist der Tod ständig anwe-
send. »Als Vater noch gelebt hat ...«, »Bevor der Vater
starb ...« sagt Ester, selbst schwer krank und in der
vorletzten Filmszene dem Tod nahe. Der Tod ist das
Kinothema, weil er das Thema des Lebens ist. Heute
betrachte ich das Bild von Bergman, der Billy August
freundlich, aber keineswegs übertrieben umarmt. Ich
betrachte seinen leicht trüben, abwesenden Blick. Was
sehen Sie, Herr Bergman, auf der anderen Seite des
Objektivs? Der Umschlag der französischen Ausgabe
von »Bilder« (französischer Titel »Images«, erschienen

bei Gallimard 1992) zeigt das bekannte Foto des Mannes im schwarzen Umhang mit der schwarzen, flach fließenden Kappe. Seine linke Hand, zur Seite gestreckt, breitet den Umhang so aus, daß das Schwarz drei Viertel des Bildes einnimmt. Das Schweigen von Bergman.

Aus dem Polnischen von Dorota Paciarelli

Hal Hartley
Eindruck, nicht Ausdruck

Wim Wenders' Hoffnungsbotschaft heißt
»Im Lauf der Zeit«

1982 studierte ich im zweiten Jahr in Purchase an der Film School der State University of New York. Es war gut gelaufen bisher, ich hatte viel zustande gebracht, meine Lehrer staunten über meine Fortschritte, und die Welt öffnete sich mir mehr und mehr von Tag zu Tag. Und trotzdem – nach zwei Jahren an der Filmschule kam ich zu dem Schluß, Filmemachen sei eine Tätigkeit, die zu sehr von äußerlichen Rücksichten verwässert wird. Zuviel Geld war nötig. Ich fühlte mich allzu sehr von lauter Dingen belastet, die mit dem Filmemachen selbst wenig zu tun hatten.

Ich verglich, was ich über das Produzieren von Filmen gelernt hatte, damit, wie in anderen künstlerischen Bereichen produziert wird. Ein Musiker braucht sein Instrument, ein bißchen Ruhe und Frieden, etwas Papier und komponiert. Ein Maler braucht seine Leinwand, ein paar Farben, ein bißchen Ruhe und Frieden und malt. Ein Schriftsteller nimmt sich das, was er zum Schreiben braucht, und schreibt.

Ein Filmemacher jedoch, so kam mir vor, muß vierzig Prozent seiner Energie darauf verwenden, das Bankwesen zu begreifen, weitere vierzig Prozent darauf, die Fähigkeit zur Mobilisierung größerer Gruppen von Menschen zu entwickeln, und vielleicht noch einmal zwanzig Prozent darauf, als sein eigener Werbetexter andere von seiner Profitabilität zu überzeugen, bevor er die Dummheit begeht, einen Film zu fabrizieren.

Natürlich hatte ich viele großartige Gegenbeispiele vor Augen. Schließlich war ich Filmstudent. Den größten Teil meiner Zeit verbrachte ich damit, mir Filme anzusehen, die ich für zeitlose Klassiker hielt. Aber ich hatte den Glauben verloren, den Glauben an das Kino. Die Werke von Eisenstein, Lang, Murnau, Renoir, Hawks – sie alle schienen zu einer Zeit geschaffen, als die Menschen noch irgendwie mehr bei sich waren als heute oder mehr sie selbst. Ich muß zugeben, Verzweiflung nimmt bei mir immer diese Form an: Mich überkommt das erdrückende Gefühl, es gebe keine Grenzen mehr zu überwinden, keine Entdeckungen mehr zu machen, keine sinnvollen Leistungen mehr zu vollbringen.

Ich glaubte damals nicht mehr daran, daß sich ein Film einigermaßen frei von äußerlichen Rücksichten überhaupt herstellen ließe. Ich glaubte nicht mehr, daß ein Film Integrität besitzen könnte. Wahrscheinlich war ich schon auf dem besten Weg, Produzent zu werden. Der Drang, meine Filme so zu machen, wie ich sie machen wollte, konfrontierte mich mit der Dynamik von schöpferischem Ausdruck und ökonomischer Notwendigkeit. Und es kam mir so vor, als hätte die ökonomische Seite in diesem Konflikt zuviel Gewicht.

Vielleicht war bei alledem auch eine gewisse Naivität im Spiel, die zu überwinden wichtig war – die zu durchleben aber wohl ebenso notwendig war. Denn es trifft ja zu: Schöpferisches Tun wird immer in einem gewissen Maße von banaler Lebenspraxis unterhöhlt. Aber bestimmte Werke erinnerten mich daran, daß Lebenspraxis auch der Rohstoff schöpferischer Aktivität sein kann.

»Im Lauf der Zeit« von Wim Wenders hatte diese Wirkung auf mich. In den letzten Wochen meines zweiten Studienjahres bereitete ich mich mit dem

widerstrebend erteilten Segen der Fakultät darauf
vor, das Filmstudium aufzugeben und in das Liberal
Arts College überzuwechseln. Die letzte Vorlesung in
der Reihe »Filmischer Ausdruck«, einem einjährigen
Überblick über die Filmgeschichte, beschäftigte sich
mit »Im Lauf der Zeit«. Professor Tom Gunning stellte
diese Vorlesung – die er lange für seine anregendste
hielt – an den Schluß eines Studienjahres, das mit
Muybridges fotografischen Bewegungsstudien begann
und mit dem »modernistischen« Kino der sechziger
und siebziger Jahre endete. Sein fünfundvierzigminü-
tiger Einführungsvortrag muß uns zu einem so kennt-
nisreichen und aufmerksamen Publikum gemacht haben, wie man es sich für einen Film nur wünschen
kann. Soweit ich mich erinnere, war dieser Vortrag für
alle einer der Höhepunkte des ganzen Jahres, nicht
nur für mich.

Und der Film führte dazu, daß ich mir alles noch
einmal anders überlegte. Er gab mir den Glauben
zurück, den ich brauchte, um weiterzuarbeiten. Wim
Wenders' Film schien mir selbst einem Glauben Ausdruck zu geben – dem Glauben an das Kino, aber auch
an die Menschen und an ihr Tun überhaupt. An die
Geschichte, sozusagen. Wenn ich »Im Lauf der Zeit«
heute, im Alter von vierunddreißig Jahren ansehe,
erkenne ich darin Dinge, die mich mit zweiundzwanzig
berührten, die ich damals aber nicht verstand. Ich war
nicht alt genug. Die Frage der Bindung an eine Frau
zum Beispiel hatte sich mir noch nicht ernsthaft gestellt. Trotzdem hat sich, wie ich jetzt sehe, meine
früheste Vorstellung von mir als erwachsenem Mann
während einiger der Gespräche zwischen Bruno (dem
Einzelgänger) und Robert (dem von seiner Frau ge-
trennten Ehemann) geformt. Der Konflikt zwischen
Selbstsicherheit und Einsamkeit einerseits und der mit

Rüdiger Vogler in »Im Lauf der Zeit«. Regie: Wim Wenders, Deutschland 1975

Freundschaft und Ehe notwendigerweise verbundenen Bereitschaft zum Kompromiß andererseits erschien mir schon mit zweiundzwanzig als die entscheidende Frage – aber damals hatte diese Frage nicht die gleiche Dringlichkeit für mich wie heute.

Es ist sonderbar. Mit zweiundzwanzig hätte ich mich in fast jedem strittigen Punkt auf die Seite von Bruno gestellt, dem wandernden Filmprojektorenreparateur. Für Robert dagegen hatte ich nicht viel übrig. Heute jedoch, mit vierunddreißig, empfinde ich für ihn eine Sympathie, die ich damals auf der Universität nicht hatte.

Schließlich kam ich zu der Ansicht, daß man einen Film, der sich seine Integrität bewahrt, machen kann, wenn man begreift, daß der Kampf, der bei seiner Herstellung auszufechten ist, selbst zum Charakter des

Films gehört, so wie auch unser persönlicher Charakter durch die Kämpfe, die wir durchstehen, geformt wird. Dies, so glaubte ich, ist eine Qualität, die allein den Film auszeichnet: seine Fähigkeit, jene Wirklichkeit aufzuzeichnen, die sich in ihm festsetzt, während man ihn produziert.

Der Film von Wim Wenders bestärkte mich auch in der Zuversicht, daß ich beim Filmemachen selbst dem Leben so nahe kommen würde wie überhaupt möglich. Heute, zwölf Jahre später, bin ich hiervon fest überzeugt. Die vielfältigen Berührungen mit der Welt – jener Welt, die mir einst immer anderswo zu sein schien – haben sich aus meiner Filmarbeit ergeben. Für mich ist der Film nicht nur die Form, in der ich mir Ausdruck verschaffe. Er ist auch die Form, in der ich Eindrücke gewinne.

Aus dem Englischen von Reinhard Kaiser

István Szabó
Magische Berührung

»Ninotschka« und
das Geheimnis von Ernst Lubitsch

Voilà, eine leichte Komödie aus dem Jahr 1939. Die Welt weiß noch nicht, wie sie in fünfzig Jahren über die Hitler- und die Stalin-Diktatur denken wird. Doch dieses leichte Spiel fängt damit an, daß drei sowjetische Abgesandte in Erwartung des Kommissars, der ihnen auf den Hals geschickt wurde, auf dem Bahnhof in Paris endlich einen Mann entdecken, der ihnen ähnelt und ihren Vorstellungen vom Kommissar einer Diktatur entspricht. »Er sieht aus wie ein Genosse«, meint einer von ihnen. Sie gehen auf ihn zu, um ihn zu begrüßen und sich bei ihm zu melden, doch bevor sie ihn erreichen, findet der Fremde seinen Mann und begrüßt ihn mit einem dröhnenden »Heil Hitler!«

Ernst Lubitsch, Billy Wilder und Melchior Lengyel wußten bereits 1939 Bescheid über die Parallelen zwischen der hitlerschen und der stalinschen Diktatur, die heute viele als neue Erkenntnis entdecken.

Später schaut die sowjetische Kommissarin in derselben Komödie verliebt und beschwipst ihren Geliebten an. »Aber Genossen, Genossen«, sagt sie. »Die Weltrevolution schreitet siegreich voran, doch laßt uns wenigstens noch ein bißchen glücklich sein.«

Greta Garbo und Melvyn Douglas in »Ninotchka« (Ninotschka). Regie: Ernst Lubitsch, USA 1939 ▷

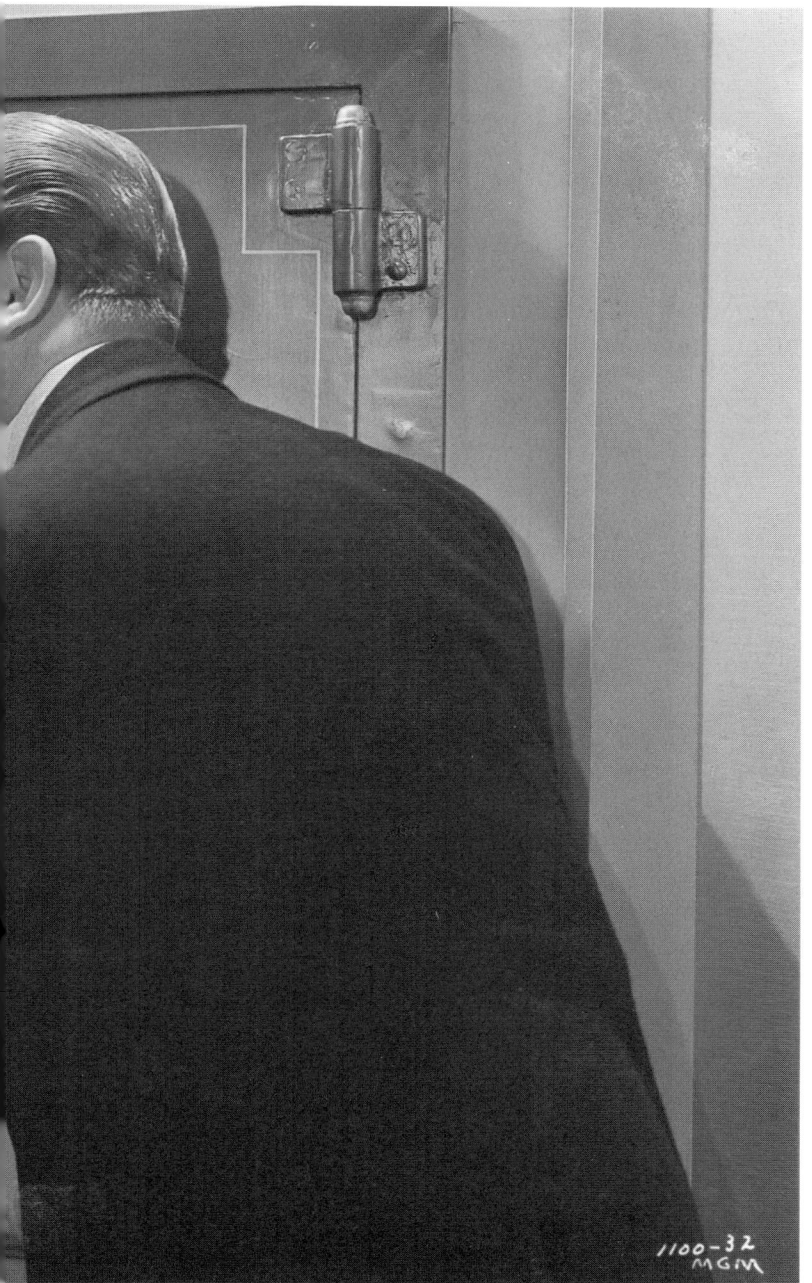

1100-32
MGM

Die Erkenntnis, daß all das, was viele fähige Denker der Welt noch jahrzehntelang unterstützen werden, der menschlichen Natur und dem Glück des Menschen fremd ist, wird in dieser leichthändigen Komödie mit der Klarheit der Selbstverständlichkeiten sichtbar.

Das Wohnzimmer, das für vier Familien durch Gardinen viergeteilt wird, die Rühreier für vier Personen, für die jeder selbst seine Ration, ein Ei, mitbringt, der Liebesbrief, der durch die schwarze Tinte der Zensur unleserlich gemacht wird, sie sind auf den Leinwänden aller Kinos der Welt zu sehen, doch große Künstler, Politiker, ja die Massen im Publikum lachen nur darüber. Ach, ist es witzig!

Ich kann mich gut daran erinnern, wie wir uns 1965, zum erstenmal in Paris, im Vorführraum der Cinématèque den verbotenen Film angesehen haben. Das Publikum amüsierte sich köstlich, und wir saßen betreten da. »Wissen die denn überhaupt, worüber sie lachen? Jedes Wort davon ist wahr.«

Worin liegt das Geheimnis dieses Films? Worin liegt das Geheimnis von Lubitsch? Ich glaube, in seiner Anschauungsweise.

Wieviele Talente Osteuropas sind, aus ihrer Heimat vertrieben, nach Amerika geflüchtet! Sie konnten nichts mitnehmen als ihre Erfahrungen, all das, was sie in den ersten fünfundzwanzig bis dreißig Jahren dieses Jahrhunderts im brodelnden, von politischen und sozialen Stürmen, von Krieg, Wirtschaftskrise, messianistischen Ideologien, von Revolutionen und Vergeltungen erschütterten Mitteleuropa über die menschliche Natur gelernt hatten. Sie sind in einer Welt aufgewachsen, in der Tschechen, Deutsche und Polen oder Österreicher, Ungarn, Slowaken, Serben, Kroaten, Bosnier und Rumänen in einem Dorf zusammenlebten, in Kleinstädten, auf deren Hauptplatz die katholische und die evangelische Kirche, die Synagoge, ja mancherorts sogar die Moschee einander gegenüber standen. Sie begleiteten ihre Mutter zum Einkaufen oder Verkaufen auf Märkte, wo die Verkäufer in drei, vier Sprachen – deutsch, ungarisch, slowakisch, serbisch – ihre Ware anpriesen. Sie hatten Schulen besucht, in denen die Kinder in den Pausen in anderen Sprachen miteinander spielten als in jener, in der unterrichtet wurde.

So war es ihnen in Fleisch und Blut übergegangen, die Andersartigkeit als etwas Selbstverständliches anzusehen, die Vielfalt zu respektieren oder zu akzeptieren, waren sie doch von politischen Interessen und den davon profitierenden Politikern noch nicht gegeneinander aufgehetzt gewesen.

Sie wußten noch: wenn sie verstanden werden wollen, müssen sie sich verständlich ausdrücken, die Sprache des anderen lernen und dessen Mentalität im Gefühl haben.

So sind diese vielen begabten Mitteleuropäer in Hollywood angekommen und wußten genau, wovor sie flüchteten. Die neue Sprache kannten sie nicht, ihre Kultur, ihre Wurzeln hatten nur für einen verhältnismäßig engen Kreis des Publikums Gültigkeit. Doch auch ein Großteil des Publikums lebte in seiner neuen Heimat, genau wie sie, mit verschiedenen Wurzeln und unterschiedlicher Mentalität.

Wie soll ich mitteilen, was ich zu sagen habe? Wie soll ich auf dem Markt meine Ware verkaufen, in der Schule das Wissen übergeben, dem Publikum meine Gedanken vermitteln, wenn wir keine gemeinsame Sprache, keine gemeinsame Kultur haben? Und es entstand die Sprache des *human touch*, der »menschlichen Berührung«. Der Träger dieser Sprache ist das charismatische Gesicht des Mimen, in dessen fragilem

Blick der Zuschauer sich selbst sieht, der imstande ist, den Schmerz unser aller zu tragen. Das ist die Magie.

Hinter dem Rätsel der Geschichte von »Ninotschka« steht das Mysterium des Gesichts der Garbo. Sie ist eine Frau, die, stets mit sich selbst identisch, ihre innere Haltung auch in einer Zeit nicht verliert, da sich jeder in Uniformen in der Masse versteckt, sich selbst aufgibt und hinter Masken flieht, um zu überleben. Die Garbo ist die Trägerin unserer heimlichen Sehnsucht – wir selbst zu bleiben und uns bewahren zu können. Die Garbo ist die Trägerin unseres Schmerzes und mit ihrer winzigen Freude der Spiegel unseres Glückes.

Diese Magie ist bis heute das Geheimnis dieses amerikanischen Films. Die Dramaturgie der menschlichen Berührung, das auf die Grundgefühle aufbauende Märchen, das überall gleichermaßen gültig ist. Und dieses geheimnisträchtige, charismatische Gesicht, der zerbrechliche Blick, der unsere Schmerzen und Freuden in sich trägt, der für uns steht, mit dem wir uns identifizieren können, der uns anzieht, nach dessen Anblick wir uns sehnen – das Gesicht des Stars. Wie das Gesicht der Garbo. Sie nimmt einen Drink, die Beklemmung in ihrem Blick wird für einen Augenblick von einem sonderbaren Licht befreit, sie schaut uns an und stößt einen tiefen Seufzer aus.

»Genossen, laßt uns doch ein bißchen, wenigstens für eine kurze Zeit glücklich sein.«

Wladimir Sorokin
Kuß für den Genossen Stalin

Mythologische Parodie auf die Geschichte —
Der Propagandafilm »Der Fall Berlins«

Der Mythos dieses Films verfolgte mich seit meiner
Kindheit. Er wurde regelmäßig in den Gesprächen der
Großmütter und Großväter lebendig, wenn sie zeitge-
nössische Filme, Miniröcke und Twist beschimpften.
»Weißt du noch, wie Stalin in weißer Jacke ins eroberte
Berlin geflogen kommt?« — »Ja genau. Und wie er sagt:
Vergeßt nicht, wie teuer uns dieser Sieg zu stehen
gekommen ist.« — »Und Natascha sagt: Genosse Stalin,
erlauben Sie, daß ich Sie küsse, im Namen des ganzen
sowjetischen Volkes.« — »Und sie küßt ihn auf die
Schulter.«

Solche Küchendialoge wühlten meine Phantasie auf
wie Arthur Conan-Doyles Roman »Verlorene Welt«.
Die alten Leute sprachen von etwas Großem, was einen
ungeheuren Einfluß auf Millionen Menschen gehabt
hatte und unfreiwillig verschwunden war. Dergleichen
Erinnerungen folgten in der Regel auf die erbitterte
Kritik an Chruschtschow, der »die Landwirtschaft zer-
rüttet und der Autorität der Partei und dem Genossen
Stalin persönlich einen nicht wieder gutzumachenden
Schaden zugefügt« habe.

Die Erzählungen erregten mich so sehr, daß ich mich
zu einer ungewöhnlichen Tat durchrang: Ich rief beim
Filmstudio »Mosfilm« an, welches allein, so war ich
überzeugt, mir helfen konnte, und sagte den Satz auf,
den ich mir vorher zurechtgelegt hatte: »Sagen Sie mir
bitte, wo kann man den Film ›Der Fall Berlins‹ an-

schauen?« Als Antwort ertönte ein Lachen, und ein unsichtbarer Mensch sagte: »Im Jenseits.«

Der Mann wußte nicht, was er prophezeite. Ich sollte den Film fünfundzwanzig Jahre später im Ausland zu Gesicht bekommen, im sowjetischen Verständnis also »im Jenseits«: in München im Jahr 1991. In der Sowjetunion wurde der Film seit 1956 nicht mehr gezeigt, seit auf dem zwanzigsten Parteitag »Stalins Personenkult entlarvt« worden war. Zu den verbotenen stalinistischen Filmen gehörten »Der Fall Berlins«, »Der Schwur«, »Der große Feuerschein«, »Der dritte Schlag«, »Das unvergeßliche Jahr 1919«, »Die Verteidigung Zarizyns« und »Die Schlacht um Stalingrad«. In all diesen Filmen war Stalin als geliebter Führer, genialer Feldherr und weiser Parteistratege die zentrale Figur. Diese Filme sind so konsequent apologetisch, das Genre des »höfischen« Sozialistischen Realismus ist hier so zwingend, daß sie selbst in den finsteren Jahren der Herrschaft des scheintoten Tschernenko, da die Presse von stalinistischen Artikeln übersät war, da die Dissidenten »als Klasse« liquidiert waren und die Stimmen der ergrauten Stalinisten im Unisonogeheul die Rehabilitierung des Vaters aller Völker forderten, nicht auf den sowjetischen Bildschirmen erschienen.

In den bewegten Zeiten Gorbatschows waren in den zahlreichen den Stalinismus anprangernden Fernsehsendungen manchmal flüchtige Szenen aus dem verbotenen Arsenal zu sehen: der gestrenge Stalin auf dem Roten Platz (»Der Schwur«) oder Stalin, wie er auf dem Trittbrett des durch Explosionen hindurch ins aufständische Kronstadt jagenden Panzerzuges ruhig seine Pfeife raucht (»Das unvergeßliche Jahr 1919«). Diese Fragmente verstärkten die Anziehungskraft der verbotenen Frucht. Sie zu kosten hatte ich im stillen Münchner Stadtmuseum gemeinsam mit Freunden

Gelegenheit, denen die totalitäre Kultur ebenfalls nicht gleichgültig ist: dem Klassiker der Soz-Art Dmitri Prigow und dem auf sowjetische Texte spezialisierten Literaturprofessor Igor Smirnow. Wir alle sahen den Film zum ersten Mal. Wir wurden nicht enttäuscht. Der im Jahr 1949 von dem stalinistischen Hofregisseur Michail Tschiaureli nach einem Drehbuch des stalinistischen Klassikers Pjotr Pawlenko gedrehte Film stellt zweifellos einen Höhepunkt der Betonpyramide des Sozialistischen Realismus dar.

Dem Genre nach ist »Der Fall Berlins« ein sowjetisches Epos. Es ist ein kompliziertes Bild, von großen Meistern ihrer Zunft nach einem strengen Kanon geschaffen, der Ende der vierziger Jahre seine endgültige Gestalt angenommen hatte. Der Film beginnt mit einer Vorkriegsidylle: Eine Stahlgießerstadt, ein friedlicher Himmel über den Köpfen von Kindern und kommunistischen Stoßarbeitern, eine feierliche Versammlung der Fabrikbelegschaft, die gerade eine Rekordschmelze erzielt hat. Ein Mädchen hält vor dem Hintergrund eines riesigen Stalinporträts eine Rede. Sie ist schön und energisch. Sie spricht von der Fabrik, von den prächtigen Genossen, von der Arbeit, die nach den Worten des Genossen Stalin »im Sowjetland eine Sache der Ehre, Tapferkeit und des Heroismus« ist. Ihre Rede wird immer emotionaler, das Thema Stahl leitet zwangsläufig über zu Stalin, dem »Organisator und Inspirator aller Siege«. Sie wendet sich dem Porträt zu, erklärt ihm ihre Liebe und schließt mit der rituellen Formel: »Es lebe der Genosse Stalin!« Der Saal explodiert im Applaus, erbebt im kollektiven Orgasmus.

Wladimir Saweljew in »Der Fall Berlins«. Regie: Michail Tschiaureli, UdSSR 1949   ▷

Am Abend geht sie mit ihrem Kavalier, dem Bestarbeiter Alexej, spazieren. Er ist ein etwas grober,
ehrlicher Bursche, der Stolz der Fabrik, die Seele der
Belegschaft; doch bei Natascha wird er ganz verlegen.
Sie trennen sich, ohne einander verstanden zu haben.
Am Morgen erwartet Alexej eine neue Prüfung: Stalin
hat von seinem Rekord erfahren und will ihn sehen.
Der schwitzende und sich vor Verlegenheit zusammen-
krümmende Alexej wird in Moskau auf Stalins Land-
haus abgeliefert. Die Kamera gleitet über den sonnen-
durchfluteten Garten und hält inne: In weißer Jacke
und mit Pfeife steht Stalin da und horcht auf die
Nachtigall. Aus dem Gesicht des Führers leuchten
Weisheit und Güte. Ihn verkörpert der Schauspieler
Michail Gelowani, den Stalin persönlich für die Rolle
Stalins in fast allen Führerfilmen bestätigte. Gelowani,
bis dahin ein wenig bekannter Schauspieler, sah ohne
Maske dem »Vater aller Völker« überhaupt nicht ähn-
lich. In seiner Interpretation ist Stalin fast reines Zei-
chen mit schwachen menschlichen Merkmalen. Seine
Bewegungen sind fließend und hoheitsvoll, das Gesicht
unbeweglich, die weiche Stimme reagiert kaum auf das
Geschehen um ihn her. Stalin bewegt sich in einem
eigenen, besonderen Raum, der einer besonderen
Zeit entspricht, welche nicht mit der Zeit gewöhnlicher
Sterblicher zusammenfällt. Die Illusion, daß wir keinen
Menschen vor uns haben, ist so stark, daß man glaubt,
Stalin müsse nur eine heftige Bewegung machen, und
die Maske auf seinem Gesicht bekommt Risse, durch
welche sich sogleich das verzehrende Licht der absoluten Macht ergießen wird.

Die Filmsprache des Sozialistischen Realismus orien-
tierte sich nicht wie die westliche an der Fotografie,
sondern an der sozialistisch realistischen Malerei. Jede
Aufnahme mit Stalin erscheint wie ein Einzelbild: »Der

Genosse Stalin im Garten« oder »Der Genosse Stalin mit dem Bestarbeiter Alexej Iwanow«. Stalin befragt Alexej nach seinem Rekord, nach der Fabrik, nach seinem Privatleben. Der offenherzige Held erzählt alles, auch von seiner Verlegenheit vor Natascha. »Im Privatleben muß man ebenso entschlossen handeln wie in der Fabrik, Genosse Iwanow«, rät Stalin lächelnd.

Zu Hause erklärt der beflügelte Alexej Natascha seine Liebe. Dies geschieht in einem endlosen Weizenfeld. Gerade wollen die Helden sich einander hingeben, in Erwartung des Kusses erstarrt Natascha in einer seltsam gezierten Pose, als wäre sie einem nicht gemalten Bild irgendeines sowjetischen Künstlers mit dem Titel »Liebe auf dem Feld« entstiegen. Da fliegen schwarze Flugzeuge mit Hakenkreuzen über das Feld und werfen Bomben: Der Krieg beginnt. Das idyllische Städtchen verwandelt sich augenblicklich in eine Ruinenlandschaft, ein SS-Offizier von karikaturhaftem Äußeren hält eine Rede von der »neuen deutschen Ordnung«. Natascha wird nach Deutschland verschleppt. Alles ist wie aus dem Schulbuch. Alexej schluckt karge Männertränen herunter, ergreift eine Maschinenpistole und zieht los, Natascha zu befreien: »Nach Berlin!«

In Berlin machen unterdessen Vertreter der »reaktionären internationalen Kreise« in der Reichskanzlei Hitler ihre Aufwartung, dem Bezwinger von Europa und künftigem Weltherrscher. Hitler ist im Film das genaue Gegenteil von Stalin. Er ist überbeweglich, überemotional, ihn zerreißen Leidenschaften und Zweifel, bald lacht er diabolisch, bald kreischt er seine Generäle an. Diese Rolle spielt Wladimir Saweljew, der im Unterschied zu Gelowani seinem Helden verblüffend ähnlich sieht. Dieser begabte Schauspieler bekam nach dem »Fall Berlins« keine einzige Filmrolle, wahrscheinlich aus ideologischen Gründen: Wer den Satan gespielt hat, darf keine Menschen spielen.

»Ich zwinge Rußland auf die Knie und verwandle die Russen in Sklaven«, schreit Hitler und holt zum Schlag gegen den Globus aus. Wie es sich fürs Epos ziemt, beginnt ein Kampf zwischen zwei Göttern, Hitler und Stalin. Doch im Verlauf der Kampfhandlungen wird deutlich, daß Hitler gar kein Gott ist, sondern ein Titan, der sich für einen Gott hält. Ihm haftet zuviel Menschliches an, er hat Schwächen – Eva Braun und den Schäferhund Blondie – und schlechte Angewohnheiten, er kaut Fingernägel und versprüht Speichel. Sein rastloser Charakter erinnert an die Helden Dostojewskis, und im Kampf gegen seinen maschinengleichen, leidenschaftslosen Feind ist er zum Scheitern verurteilt. Nach Stalingrad kommt der Umschwung. Zur saftigen Musik von Schostakowitsch beginnen die sowjetischen Truppen ihre unaufhaltsame Bewegung gen Westen.

Mit aufwendigen Schlachtenszenen, Explosionstechnik und verbrannten Häusern war »Der Fall Berlins« der teuerste Film der Stalinzeit. Die Arbeit der Pyrotechniker ist wahrhaft virtuos, und das Modell des brennenden Berlin könnte Spielberg neidisch machen. Die Kameraarbeit folgt der dichotomischen Symbolik. Die Szenen mit Stalin sind gebührend statuarisch und verhalten. Sobald Hitler erscheint, stellen sich ungewöhnliche Blickwinkel ein, ein Spiel mit Licht und Schatten, Farbspannung von expressionistischem Geist.

Während die sowjetischen Truppen Berlin näherrücken, zieht sich Hitler, wie es sich für einen entthronten Titan gehört, in den Tartarus, seinen Bunker, zurück. Der östliche Gott kommt unter dem Jubel einer riesigen Menschenmenge ins bezwungene Berlin geflogen, wie um Leni Riefenstahls »Triumph des Willens« zu ergänzen, der mit einer solchen »Herabkunft« beginnt. Im Sonnenglanz des Sieges rät Stalin den Versammelten, den »Frieden zu wahren«. Selbstverständlich hilft die Anwesenheit des Gottes Alexej und Natascha, einander in der Menge zu finden. Alles endet mit dem erwähnten Kuß auf die Schulter »im Namen des sowjetischen Volkes«, begleitet vom anschwellenden Gesang der kommunistischen Engel.

Nach der Vorführung waren wir uns einig, daß der Film großartig ist. Die mythologische Parodie auf die Geschichte des Zweiten Weltkrieges, die metaphysische Masken-Tragikomödie entsprechen der Ästhetik der Postmoderne. Die bewußte und unbewußte Symbolik, die kulturmythologischen Simulationen, der unfreiwillige Doppelsinn, all diese typischen Kennzeichen des Postmodernismus erzeugten eine ganz »postmoderne« Reaktion im Publikum: Ein Teil der Zuschauer lachte, andere zuckten ratlos die Schultern, wieder andere, darunter wir, schwiegen wissend, des ästhetischen Genusses voll.

»Es hat sich gelohnt, nach München zu kommen, um den ›Fall Berlins‹ anzusehen«, sagte Prigow. Wir gingen ins Hofbräuhaus, um den Sieg der Filmkunst über die Prosa des Lebens zu begießen.

Aus dem Russischen von Kerstin Holm

Jiří Menzel
Mitleid mit dem Helden

*Keine faulen Kompromisse
in Andrzej Wajdas »Asche und Diamant«*

Nie werde ich die herrlichen Stunden vergessen, wenn an der Universität Filmvorführungen für Studenten stattfanden. Im Kino liefen damals kaum gute Filme. Wir von der Filmhochschule hatten immerhin eine etwas bessere Auswahl. Es war nicht gerade berühmt, aber das eine oder andere bekamen wir doch zu sehen. Besonders die Klassiker, größtenteils freilich sowjetische Filme und die zeitgenössische Produktion des sozialistischen Lagers; sehr wenige amerikanische Produktionen, keinen Hitchcock, dafür aber viel italienischen Neorealismus und später die große Entdeckung für uns alle: die *nouvelle vague*. Sie schlug ein wie eine Bombe, die bei uns unvermeidlich Spuren hinterlassen mußte.

Wenn ich indes zurückdenke, welcher von den damaligen Filmen am meisten auf mich wirkte, fällt mir kein Werk ein, das mich durch seine Strenge, durch die Beredtheit seiner Bilder und die Vieldeutigkeit einer phantastischen Symbolik mehr erschüttert hätte als »Asche und Diamant«. Im Unterschied zu einer ganzen Reihe von Filmen, die uns damals blendeten, vermag ich diesen Geniestreich Wajdas nicht zu vergessen.

In einem so kleinen Land, wie Böhmen es ist, lebt der Mensch, ob er will oder nicht, in einer gewissen Abgeschiedenheit. Zu der Zeit, da ich aufwuchs, war das nicht nur durch die Zugehörigkeit zur Sprache eines kleinen Volkes gegeben, sondern auch durch die völlige Isolation aller Länder des damaligen Ostblocks. Von der übrigen Welt wie auch voneinander waren sie durch den Eisernen Vorhang gründlich getrennt. Entgegen aller offiziell proklamierten Freundschaft waren die Grenzen zwischen der damaligen ČSSR und Polen fest geschlossen. Und nicht nur die physischen, sondern auch die kulturellen Grenzen.

Erst an der Filmhochschule, der FAMU, konnte ich also einen Film sehen, der damals bei uns tabu war. Einen Film, der mir etwas völlig Neues enthüllte. Ich lernte wenigstens *etwas* über die Geschichte des Nachbarlandes, die man mir verschwiegen hatte. Ich lernte einen Stil, eine Art von Filmen kennen, von der ich bis dahin nicht einmal gewußt hatte, daß es sie gab. Für den angehenden Regisseur, geschult am Sowjetfilm, an den tschechischen Klassikern und handverlesenen westlichen Filmen, war die »schwarze Poesie« des polnischen Films eine Offenbarung. Eine Offenbarung nicht allein durch cineastische Vollkommenheit, sondern auch durch eine Schlagkraft der Aussage, wie sie mir seither kaum noch einmal im Film begegnet ist. Andrzej Wajda wurde für mich zu einem Begriff, zum Synonym des Künstlers, der – gleich unter welchem äußeren Druck – er selbst bleibt, unerschütterlich in seiner Weltsicht.

Ich beschaffte mir damals Andrzejewskis Roman und erfuhr, wie das filmische Bild die Wirkung eines Textes zu erhöhen vermag. Wajdas Film zeigte mir beispielhaft, wie man mit einer literarischen Vorlage umgehen, das geschriebene Wort durch die Mittel des Films ersetzen muß. Ich erkannte, bei allem Respekt

---

Zbigniew Cybulski in »Asche und Diamant«. Regie: Andrzej Wajda, Polen 1958 ▷

81

vor Andrzejewski, daß eine Filmadaption die Vorlage übertreffen kann. Das ist eine in der Geschichte der Literaturverfilmung relativ seltene Sache. Noch Jahre später verfolgten mich Bilder aus dem Film, sie hatten sich mir ins Gedächtnis gebrannt. Der Darsteller Zbygniew Cibulski wurde zum unerreichten Vorbild für eine ganze Reihe von Schauspielern meiner Generation.

In einer freien Stunde habe ich mir den Film nach Jahren wieder angeschaut. Es geschieht nur sehr selten, daß ich so zu den Filmerlebnissen meiner Jugend zurückkehre. Es ist ein Risiko. Der Film ist noch eine allzu junge Kunst, deren Produkte rasch altern. Oft wird ein bewunderter Film schon nach einer Saison schal – wie erst nach Jahrzehnten? Mit Bedenken sah ich mir daher das Werk des jungen Wajda an – und stellte fest, daß »Asche und Diamant« zu jener Handvoll Filme gehört, die offenbar niemals alt werden.

»Asche und Diamant« würde ich den Studenten der Filmhochschulen gerne vorführen, um ihnen zu zeigen, was Lust am Erzählen ist. Genauer gesagt, filmisches Erzählen als Erzählen in Bildern. Anders als Hitchcock, der ein Meister dieser Lust ist, begnügt sich Wajda nicht damit, bloß eine Geschichte zu erzählen. Sein Erzählen ist bis ins letzte Detail von einer ganz eigentümlichen Philosophie durchdrungen, die sich in schlichten Worten so charakterisieren läßt: Wajdas Philosophie ist der Glaube an den Menschen.

Man hat viel über die »polnische Schule«, die »schwarze Poesie«, über »Pessimismus« und »existentialistische Inspiration« geredet. Aus dem Abstand der Jahre zeigt sich deutlich, wie einfach und oberflächlich es ist, Etiketten aufzukleben und Filme in Schubladen zu packen. Über Wajdas Film läßt sich alles mögliche sagen: daß er tragisch ist, düster, vielleicht auch pessimistisch. Über all solchen Attributen darf man aber nicht das Wesentlichste vergessen: Wajda will und kann die Augen nicht verschließen vor dem Ekelhaften und Bösen, das uns umgibt, er möchte nicht blind sein für das Grauen, das uns packt, wann immer wir auf den Grund der menschlichen Seele blicken. Doch im Unterschied zur derzeit herrschenden Mode, die sich mit der Darstellung des Übels meist erschöpft, gelingt es Wajda, einen Funken von Mitleid für seine Helden zu wecken. Das hat er übrigens nicht nur hier bewiesen, sondern auch in vielen seiner anderen Arbeiten. Dieses Mitleid, dieser Glaube an das Gute im Menschen, ganz gleich in welcher Situation – das ist das Kennzeichen von Wajdas Meisterschaft, und es ist auch der Grund, weshalb seine Filme nicht so leicht zu altern vermögen.

»Asche und Diamant« ist eine Tragödie antiken Ausmaßes, und darüber zu urteilen hat allein ein intellektuell und moralisch ausreichend Gewappneter das Recht. Ich drehe nur Filme. Ich begnüge mich daher mit dem kurzen Seufzer des Kollegen, der weiß, wie schwierig es ist, einen tragischen Stoff zu bewältigen. Wie schwer es ist, die Würde zu wahren, das Niveau des Stils, ohne in jene Banalität abzusinken, die bei der Bearbeitung eines Stoffes aus der Gegenwart stets droht. Wie schwer es ist, dem Gedanken treu zu bleiben und ihn zugleich restlos mitzuteilen unter Bedingungen, die den Autor zur politischen Heuchelei zwingen. Es war und ist für mich lehrreich, wie wichtig es für jeden Autor, besonders aber für den Filmregisseur ist, seine Integrität zu wahren – unter welchen Bedingungen auch immer. Zu unserem Beruf gehört es, Kompromisse zu schließen. Wajda hat mir beigebracht, wie man Kompromisse schließt, ohne sich schmutzig zu machen.

Nur noch einen kleinen Nachtrag dazu, wie bedeutsam es für einen Autor ist, daß sich sein sittliches Ideal mit seiner Stellung zur Gesellschaft deckt. Bei Wajda ist das offenkundig und unzweifelhaft. Wir alle erinnern uns, wie ehrenhaft er sich verhielt, als sein Land in Bewegung geriet. Ich weiß darüber hinaus, daß zu einer Zeit, als mein Land die schlimmste Erniedrigung durchmachte, als ich selbst aufgrund der politischen Situation an den Rand, in ein künstlerisches und existentielles Vakuum geriet – daß damals Andrzej Wajda den Mut hatte, mir Arbeit und Rückhalt zu bieten, obwohl er sich selbst damit in Gefahr brachte. Zu unserer Zusammenarbeit kam es letztlich dann doch nicht; es lag nicht »im Staatsinteresse«, daß ich anderswo engagiert werden sollte. Die Tapferkeit meines polnischen Kollegen mindert das nicht.

Ob wir wollen oder nicht – unsere Filme erzählen von uns selbst. Schon dadurch, was wir erzählen und wie wir es erzählen, fällen wir ein Urteil über die Helden unserer Geschichten. Dieses Urteil wiederum stellt uns selber ein Zeugnis aus. Wenn ich einen Film sehe, habe ich den Charakter seines Schöpfers vor Augen; der Autor von »Asche und Diamant« ist im besten Sinn des Wortes ein Mann.

Aus dem Tschechischen von Urs Heftrich

Charles Simic
Diebe wie wir

Belgrad sieht aus wie das Rom in
De Sicas »Fahrraddiebe«

Bad luck is the only luck I ever had
Alter Bluessong

Angefangen mit dem Titel, der uns vorhersagt, daß ein
Fahrrad gestohlen werden wird, ist alles in diesem Film
unvermeidlich. »Zum Teufel mit der Armut«, sagt der
Mann, der nach zwei Jahren Warten eine Stelle bekommen hat. Ihm wird das Fahrrad gestohlen, und es zu
finden wird zur Suche nach einer Stecknadel im Heu-
haufen. »Entweder wir finden es, oder wir essen
nichts«, sagt der Mann zu seinem Sohn, und da haben
wir den Plot mit einer Wucht der Unentrinnbarkeit, die
einer griechischen Tragödie würdig wäre.

Dieser Typ im abgewetzten Anzug und die Straßen
und Gebäude der Innenstadt Roms, das alles sah so
bekannt aus. Es gibt in allen großen europäischen
Städten Teile, deren Architektur sie einander beinahe
gleich macht. Der Ort meiner Kindheit lag zwischen
solchen Wohn- und Bürohäusern des späten 19. Jahrhunderts in Belgrad, Jugoslawien. Nach dem Krieg
waren sie grau und heruntergekommen, und die Mau-
ern blätterten ab. Ich sah »Fahrraddiebe« dort Ende
der vierziger Jahre.

Normalerweise interessierte ich mich nur für amerikanische Filme, besonders Western, aber die wurden
nur selten importiert in den großen Zeiten des Stalinismus. Meistens sahen wir sowjetische Filme und ein paar
sogenannte progressive Filme aus Frankreich und Ita-

lien. Das Traurige am sozialistischen Realismus in der Kunst ist, daß sogar ein zehnjähriges Kind seine idealisierten Charaktere und seine heilsame Botschaft hoffnungslos langweilig findet. Ich erinnere mich, daß ich mit großer Skepsis in De Sicas Film ging und überrascht war, so berührt zu werden.

Wie die Leute im Film waren die meisten Familien, die ich kannte, arm und arbeitslos und hatten wenig zu essen. Jung und alt stahlen gleichermaßen. Einmal ging ich in eine Bäckerei, nahm ein Stück Brot vom Ladentisch und rannte hinaus, verfolgt von Kunden. Es gibt in der Nachbarschaft Großmütter, die mich noch immer, vierzig Jahre später, beschuldigen, zu verschiedenen Gelegenheiten einen Gartenschlauch, ein Beil und eine Kinderkarre geklaut zu haben, und sind überzeugt und verärgert, daß ich es immer noch abstreite. Einen Film über das Stehlen von Fahrrädern war etwas, das ich auch in diesem Alter bestens verstand.

Ich weiß nur noch wenig von diesem ersten Betrachten des Films, bis auf ein paar Szenen, die mir lebhaft in Erinnerung blieben: Der Vater und der Junge beschließen nach einem Tag der Suche nach dem gestohlenen Fahrrad, über die Stränge zu schlagen und in einer Trattoria zu essen. Am Nachbartisch sitzt ein reiches Kind und ißt sorgfältig mit Messer und Gabel mit seiner Familie; es dreht sich ständig um und sieht zu, wie Bruno sein Essen verschlingt. Es trägt die Art Kleider, die Knaben dieser Gesellschaftsschicht auch im kommunistischen Nachkriegs-Belgrad anhatten. Wir sahen manchmal einen im Matrosenanzug an der Hand seiner Mutter auf der Straße. Sie waren immer mit ihren Müttern, sonst wären sie verhauen worden. Zunächst gab es viel gegenseitiges Mustern, ganz wie im Film.

Lamberto Maggiorani und Enzo Staiola in »Ladri di Bicicletti« (Fahr-raddiebe). Regie: Vittorio de Sica, Italien 1948

Ich erinnere mich auch an die Bettlaken, die die Riccis versetzen, um das Fahrrad auszulösen. Es gibt Regalbretter über Regalbretter voll gebrauchter Bettwäsche. Ein Mann klettert wie ein Affe die Regale hinauf, das neue Bündel dazuzulegen. Tausende von Bettlaken, in denen Leute schliefen und sich liebten. Mehr Bettlaken, als irgend jemand jemals sah. Diese Szene hat mir jedesmal den Atem genommen, wenn ich den Film sah. Ich bekam den Film über die Jahre noch einige Male zu sehen, und jedesmal hatte ich denselben Gedanken: Das ist das grobkörnige schwarzweiße Bild von meiner Kindheit. Zum Beispiel die Straßenbahn am frühen Sonntagmorgen, wenn sie den Müllmännern auf ihrer Runde folgt. Oder der Markt der Diebe im Regen. Oder der gesenkte Pferdekopf, als sie an der offenen Tür der Trattoria stehen. Die Musiker drinnen erinnern mich an die italienischen Kriegsgefangenen, die an unserer Tür um Nahrung bettelten. Der ganze Film hat die Perspektive eines Kindes. Neorealismus ist die Art eines armen Stadtkindes, die Welt zu sehen.

Man braucht keine Hamlets und Lears und ermordeten Präsidenten, um Tragik zu erfahren. Dieser Antonio mit seinem sonnengegerbten Bauerngesicht hat ein vornehmes Wesen, eine Güte und einen tiefen Sinn komischer Ungerechtigkeit, der eines Königs in einer griechischen Tragödie würdig wäre. Und genauso seine Familie! Sein Sohn ist ein aufgeweckter, sensibler Junge. Er ist das Gewissen seines Vaters, wird uns gesagt, und er ist auch unseres. Und ebenso ist es die Mutter mit ihren traurigen Augen. Auch sie versteht alles. De Sica ist mit diesen Leuten nicht sentimental. Sie sind keine Engel. Seine Kunst ist die klare Erkenntnis dessen, was sie sind, in den zahlreichen einleuchtenden Einzelheiten.

Was Erinnerung und Kunst haltbar macht, sind die Einzelheiten – oder die Poesie der Einzelheiten, müßte ich sagen. Antonio und Maria, die mit dem Fahrrad in der Abenddämmerung vom Pfandhaus kommen, als seien sie ein junges Liebespaar. Das kleine Kind, das Akkordeon spielt, und sein bettelnder Kamerad, während Antonio das Plakat mit Rita Hayworth anbringt. Der Perverse, der Bruno auf dem Fahrradmarkt eine Klingel kaufen will. Die plappernden deutschen Seminaristen, die sich beim Regen mit Antonio und Bruno unterstellen. Die Suppenküche, wo die Reichen die Seelen der Armen von Sünden reinigen, bevor sie ihnen Kartoffeln und Pasta ausgeben. Der Vater, der seinen Sohn mit einem Bleistiftstummel auf einem Papierfitzel ausrechnen läßt, wieviel er bei der Arbeit verdient haben würde, die er gerade verliert.

Jede der Szenen ist nicht nur visuell interessant, sondern jede enthält auch eine Art Klugheit. Wie die Töpfe auf dem Herd in der Küche des Diebs, um die die Mutter viel Aufhebens macht – man merkt schnell, daß diese Leute noch ärmer als die Opfer sind. Und trotzdem erscheint nichts daran aufgesetzt, noch vermittelt es eine »Botschaft«. Man schaudert beim Gedanken, wie wir Amerikaner diesen Film gemacht hätten. De Sica weiß, daß die Armen eine Diebesbande sind, aber er weiß auch, daß es große Unterschiede zwischen Dieben gibt. »Der Junge könnte keiner Fliege was zuleide tun«, sagt jemand über den Dieb, und die Zuschauer lachen.

Als Antonio beschließt, ein Fahrrad zu stehlen, verstehen wir seine Überlegung. Ich brauche ein Fahrrad, um meine Familie zu ernähren; und hier sind so viele Fahrräder vor dem Fußballstadion, wo ein Spiel soeben zu Ende geht. Eine große Einstellung von Vater und Sohn auf dem Kantstein sitzend, die Menge fröhlicher

Gesichter, nachdem ihre Mannschaft gewonnen hat. Wir wissen, daß es Antonio mißlingen wird, und so kommt es. Es sind zu viele Leute dabei. Mit dem ersten Ausruf »Dieb« wird er vom gestohlenen Fahrrad geholt. »Da bringen Sie Ihrem Sohn aber was Schönes bei!« sagt jemand in der Menge. Doch was genau wird er seinem Sohn angesichts ihrer Erfahrung beibringen? De Sica vermeidet jedes klare Resümee. Am Ende des Films gehen Vater und Sohn mit Tränen in den Augen Hand in Hand. Sie haben füreinander ihre Liebe, aber sonst kaum etwas. Doch was für eine Liebe ist das!

Ich bin sicher, daß eine Menge Marias im Zuschauerraum die Tragödie als die Konsequenz dafür gesehen haben, daß die Frau die Wahrsagerin nicht bezahlt hat für die Vorhersage seiner Anstellung. Antonio hegt auch diesen Verdacht, und deshalb geht er noch einmal, um die Frau in dem überfüllten Schlafzimmer, wo jeder den Nöten des anderen zuhört, nach dem gestohlenen Rad zu fragen. Er bezahlt sie, aber nun ist es zu spät. Die Wahrsagerin sagt und wiederholt: »Entweder findest du es jetzt oder nie«, und wir verstehen, daß sie nicht nur das Fahrrad meint, als sie durch das Fenster sieht, hinter dem Rom und die ganze Welt liegen.

Aus dem Englischen von Rudolf von Bitter

Gore Vidal
Geschichte macht, wer sie verfilmt

Abe Lincoln sucht jeden Amerikaner heim

Noch heute besitze ich einen Silberpokal, den ich als ersten Preis im Sandmodellieren an Bailey's Beach in Newport, Rhode Island, gewonnen habe. Es war im Sommer 1936, und wir wohnten im Van Alen-House, »Ma Folie«, besser bekannt unter dem Namen »Ma's Folly«, während mein Stiefvater geduldig darauf wartete, daß seine Mutter sterben würde und er die Hammersmith Farm beziehen könnte, wo die alte Dame einem Haushalt vorstand, zu dem zwei livrierte Lakaien und ein Gewächshaus gehörten, in dem auch außerhalb der Saison Weintrauben reiften, schöner als auf einem Bild von Vermeer und ungefähr genauso schmackhaft. Damals war ich nicht nur der »Boy Airman« aus der Filmwochenschau, sondern obendrein ein Renaissance-Talent. Ich zeichnete, ich bildhauerte, ich schrieb, ich las jeden Tag fast ein ganzes Buch, ich sah mir Filme an und begriff durch sie die Welt. Außerdem sägte ich, wie man sich vorstellen kann, allen Leuten gewaltig an den Nerven, eine Rolle, die auszufüllen ich mir auch jetzt, im Frühling meines Greisenalters, noch alle Mühe gebe.

Kleine Talente treten oft gebündelt auf, und es gibt zahlreiche Fälle von Schriftstellern, die zeichnen, von Malern, die schreiben, von Komponisten, die Logarithmen berechnen können. In jungen Jahren nannte ich tausend mittelmäßige Talente mein eigen, und während jenes Sommers in Newport machte ich gerade meine Gutzon-Borglum-Phase* durch. Bei einem Wettbewerb, in dem es darum ging, die schönste Figur in Sand zu schaffen – keine Kleinigkeit an einem Strand, der fast völlig mit Seetang und glibberigen, faulenden Röhrenquallen bedeckt war –, gewann ich den ersten Preis mit einem überlebensgroßen Kopf von Abraham Lincoln.

Ich habe angefangen, alte Papiere durchzugehen. Neben dem inzwischen etwas fleckig gewordenen ersten Preis im Sandmodellieren – übrigens eine hübsche, wenn auch etwas zu gefällige Metapher für die Situation der Kunst am Ende dieses Jahrhunderts – fand ich ein Notizbuch, in dem ich das Gesicht von Abraham Lincoln von einem Foto abgezeichnet hatte. Darunter hatte ich in ehrfürchtiger, wenn auch schludriger Handschrift vermerkt: »Jetzt gehört er der Ewigkeit.« Was sollte das alles – was hatte ich mit Lincoln zu schaffen?

Zu unserer Zeit war der Kino-Lincoln genauso unzulänglich wie der literarische Lincoln. Da gab es den Schauspieler Robert Massey, der sich als Lincoln zu Hause in Illinois mit seiner Frau streitet; es gab den sehr jungen Henry Fonda, der sich als Rechtsanwalt betätigt und ziemlich früh im Film Ann Rutledge beerdigt – und damit hatte es sich im großen und ganzen. Die Verkörperungen durch Walter Huston und John Carradine besaßen keine prägende Kraft. In anderen Filmen war Lincoln eine gottähnliche Erscheinung, etwa in »The Littlest Rebel« mit der kleinen Shirley Temple in der Hauptrolle, die mit sechs Jahren Graham Greene verklagte, weil er sie als sexuelle Provokateurin bezeichnet hatte. Sie gewann ihren Prozeß und wurde

* Gutzon Borglum ist der Schöpfer der aus Stein gehauenen Präsidentenbüsten des Mount Rushmore National Memorial (Anm. d. Hrsg.).

amerikanische Botschafterin in der Tschechoslowakei. Ich vermute, es hätte schlimmer kommen können. Jedenfalls lebte Graham Greene bis zu seinem Tod in Angst und Schrecken vor dem Zorn Shirley Temples.

Es ist vielleicht nicht ganz müßig, die Frage zu stellen, was für ein Land wir heute hätten, wenn man, statt uns mit Kinoversionen von Nelson und Napoleon und Queen Elizabeth zu bombardieren, Filme über Jefferson und Hamilton und die Präsidentschaft Lincolns gedreht hätte. Ich bezweifele allerdings, daß wir die mythischen Werke, die wir brauchen, je bekommen werden − wobei ich mit »Mythos« nicht irgendeine verfälschte, romantisierte Form von Geschichtsschreibung meine, sondern jene »Stammesüberlieferungen«, die die An- und Aussichten umreißen −, so wie das Licht des amerikanischen Westens den Stummfilmen eine eigene Schönheit verlieh, weil der Regisseur es nicht wagte, um die Mittagszeit zu drehen, da so grelles Licht die Gesichtszüge verzerrt hätte.

Wenn der Kino-Lincoln derart unzulänglich war, warum beschäftigte er mich dann so sehr? Da stand mitten in der Stadt dieser Tempel. Sobald ich anfing, mich für Rom und Griechenland zu interessieren, suchte ich jenen Teil von Washington immer wieder auf und stellte mir vor, ich sei im alten Rom. Wenn ich heute diese Stadt besuche, die sich inzwischen zu einem nationalen Disneyland entwickelt hat, stelle ich mir vor, ich sei im alten Amerika, so weit scheint mir unsere Republik schon zurückzuliegen. Ich weiß noch, wie ganz in der Nähe das Jefferson-Memorial gebaut wurde. Es gefiel mir, bis man diese ungefüge Statue aufstellte − nachher nicht mehr, so wie mir auch der Mensch Jefferson in seiner frömmlerischen Scheinheiligkeit nie gefallen hat − anders als der Gott Jefferson, der uns den Gedanken schenkte, daß es legitim sei, in einer Gegenwart, die den Lebenden gehört, nach Glück zu streben. Das war eine neuartige Vorstellung in einer sektiererischen Gesellschaft wie der unseren, in der wir den kurzen Gang durch das Tal der Tränen auf dem Weg in die wonnevolle Ewigkeit in aller Demut hinter uns bringen sollten.

Jetzt ist jetzt – so dachte Jefferson, und mehr als dieses Jetzt wird uns in alle Ewigkeit nicht zuteil. Diesen Jefferson hätte ich gern im Kino gesehen. Hamilton ebenso. Aber bis jetzt ist die Leinwand dunkel geblieben, und ein elektronischer Vergil ist nicht in Sicht, geschweige denn ein Homer.

Von den Angehörigen war mir mein Großvater der nächste, weil ich ihm gelegentlich vorlesen mußte, wenn meine Großmutter müde wurde. Sie las sehr schön, mit einer melodischen Südstaatenstimme; aber sie las auch ohne jede Rücksicht auf das, was sie las. Oft versammelten wir uns um sie, wenn sie in völliger Geistesabwesenheit etwas über einen blutrünstigen Mord vorlas und die grausigen Einzelheiten sanft von ihren Lippen perlten, wie Ratschläge für die Gartenpflege. Aber von Zeit zu Zeit rebellierte sie, und wenn kein Sekretär in der Nähe war, holte man mich. Ich las. Nachher sprach der alte Mann.

Zu meiner Bestürzung mußte ich feststellen, daß mein Großvater von Lincolns Prosa nicht viel hielt. Als ich ihm die Gettysburg-Ansprache aufsagte, führte er mich hinter die Musik und zeigte mir den Sinn der Rede, der ihn empörte. Lincoln feierte darin die Soldaten, deren Tod er verursacht hatte – in einem Krieg, den er entfesselt hatte, um die Einheit von Staaten zu bewahren, die, zum Teil jedenfalls, gar nicht vereint sein wollten. Und was die Regierung des Volkes durch das Volk und für das Volk anging, so war das vollkommener Unsinn, und Lincoln wußte es.

Durch den Kino-Lincoln meiner Kindheit erfuhr ich auch von Dr. Mudd, der gar nicht weit von uns in Merrywood gelebt hatte. Mudd kümmerte sich um den Fußknöchel, den sich John Wilkes Booth an dem Abend, an dem er Lincoln erschoß, brach – und wurde für seine gute Tat gebührend bestraft. Obwohl im Kino von Lincoln so wenig zu sehen war, hatte ich immer das Gefühl, ich sei dabei gewesen, als er in der Cooper Union sprach – auf dem Weg nach Exeter, um seinen Sohn zu sehen, oder, wie der Sohn behauptete, auf dem Weg ins Weiße Haus, indem er so tat, als würde er seinen Sohn besuchen, während er sich in Wirklichkeit seinen Wählern in New England vorstellen wollte. Auch die Ansprachen bei der ersten und der zweiten Übernahme des Präsidentenamtes sehe ich plastisch vor mir, und immer wieder sehe ich den Friedhof von Gettysburg, ich sehe Ford's Theater, wo er ermordet wurde, die Pistole und den langsamen Eisenbahnzug auf dem Weg nach Westen.

Ich habe Carl Sandburgs sechsbändiges Werk über Lincoln gelesen, aber dieses Sammelsurium beeindruckte mich weniger als das Gesicht von Raymond Massey auf der Leinwand oder das von Henry Fonda, wie er einen Mob in beschwörenden Worten davon abzubringen versucht, jemanden ohne ordentliches Gerichtsverfahren zu lynchen. Ich bin kein großer Freund des Regisseurs John Ford, aber gegen Ende dieses Films ist ihm und seinem Kameramann ein Augenblick gelungen, der beweist, daß das richtige Bild fast genauso viel wert sein kann wie das richtige Wort.

Henry Fonda in »Young Mr. Lincoln« (Der junge Mister Lincoln). Regie: John Ford, USA 1939   ▷

Fonda hat einen Prozeß gewonnen. Das junge Paar, das er gerettet hat, dankt ihm. Sie gehen. Ein Bauerntölpel bleibt zurück. Unwetter zieht herauf. »Gehst du nicht heim, Abe?« Fonda schüttelt den Kopf. »Ich denke, ich laufe ein Stück«, sagt er. »Vielleicht den Hügel da hinauf.« Er trägt einen Gehrock und den Zylinder, der zum festen Bestandteil der nationalen Ikone gehört.

Während Fonda die Anhöhe ersteigt, bleibt die Kamera hinter ihm. Oben folgt eine Einstellung, bei der die Kamera ihn von schräg unten ins Bild faßt, und plötzlich wirkt der mittelgroße Schauspieler riesig, in die Länge gezogen, wie in den Wolkenhimmel graviert. Blitz und Donner. Die Gestalt hält inne, als überlege sie, ob sie irgendwo Deckung suchen soll. Dann wendet sie sich nach links und geht direkt in das Unwetter hinein; und nun sehen wir auf der Leinwand nicht mehr Licht und Schatten, sondern Lincoln selbst, sein Wesen. Dieser Film kam in einem – für das Kino – großen Jahr heraus: 1939.

1944, mit neunzehn Jahren, fuhr ich als erster Obermaat auf dem Nachschubfrachter Nr. 35 der amerikanischen Armee. Der Tod von Franklin Roosevelt kam in aller Breite auf die Leinwand, als ich im Army-Hospital von Anchorage lag und mich davon erholte, daß ich mich – diesmal nicht den Medien, sondern den Elementen zu stark ausgesetzt hatte. Zuerst hörten wir es im Radio; dann lasen wir es in der Zeitung; und schließlich folgte die Bestätigung auf der Leinwand. Es schien mir unmöglich, daß dieser überlebensgroße King Kong von einem Wochenschaupolitiker tot sein sollte. Ich war natürlich hocherfreut. Er hatte uns in den Krieg gezogen; er hatte eine Diktatur errichtet; er hatte meinen Großvater bei den Wahlen von 1936 geschlagen. Außerdem war er der einzige Präsident, an den ich mich erinnern konnte, und ich fand ihn sterbenslangweilig. Erst Jahre später begann ich, Roosevelts New Deal zu bewundern, wenn auch nur wegen des wunderbar chaotischen, improvisierten Charakters der ganzen Angelegenheit.

Nach dem Krieg kehrte ich ins Hudson Valley zurück, wo ich geboren bin, und freundete mich mit der Witwe Roosevelt an. Hinter den Kulissen erfuhr ich so manches über die Inszenierung jenes erstaunlichen Dramas, der Roosevelt-Saga. Die Kino-Eleanor im Rosengarten bei der Beerdigung von Franklin zum Beispiel ist nicht das, was sie zu sein scheint, kein Ebenbild weiblicher Trauer, sondern eine wütende Medea. Sie hatte soeben herausgefunden, daß im Augenblick seines Todes eine alte Geliebte bei ihm gewesen war. Ich hatte den Eindruck, Eleanor bewunderte den Präsidenten, aber den Ehemann mochte sie nicht. Doch wie immer es um ihre privaten Gefühle stand – für jeden damals lebenden Amerikaner waren sie zwei auf ewig unzertrennliche Stars, und sie selbst waren sich ihrer Proto-Fiktivität durchaus bewußt.

In ihren kühlen Memoiren schildert Eleanor die Zugfahrt von Georgia nach Norden, mit der Leiche des Präsidenten an Bord, und wie das Spalier der Trauernden neben der Strecke sie an Lincolns Trauerzug erinnert. So suchte Lincoln uns alle immer wieder heim, auch diese andere Präsidentenwitwe, die darauf bestand, Lincolns Begräbnis so weit wie irgend möglich noch einmal aufzuführen, was ohne Flieder und ohne Lincoln gar nicht so einfach war.

Noch zu ihren Lebzeiten wurde dann auch Eleanor selbst verfilmt. Es war 1960, in dem Jahr, als ich mich um einen Sitz im Kongreß bewarb. Ich war nach Hyde Park gekommen, um mit Eleanor über Fragen der politischen Strategie zu sprechen. Plötzlich stand die

Schauspielerin Greer Garson vor uns, in Kleidern aus der Zeit der Jahrhundertwende und mit einem gewaltigen künstlichen Gebiß, das Eleanors berühmte Beißerchen nachahmen sollte.

Sehe ich so richtig aus? wollte die Schauspielerin wissen. Oh, ja, ja! kreischte Mrs. Roosevelt beifällig. Was für ein hübsches Kleid! So etwas Hübsches habe ich nie getragen. Aber während sie sprach, starrte sie fasziniert und erschrocken zugleich immerfort auf den Mund der Schauspielerin, in dem sich diese riesigen Zähne drängten. Schließlich zog sich Miss Garson zurück. Eleanor war nachdenklich. Müssen Filme unbedingt so realistisch sein? fragte sie. Meine Zähne sind doch bestimmt nicht so – groß? Ich sagte ihr, Miss Garsons Maske sei schließlich bloß eine Karikatur des Originals, das im Leben und auf seine Weise sehr schön sei.

Ich vermute, es war unvermeidlich, daß jemand, der so viele Filme gesehen hatte, zuletzt auch Filme machen würde. Da ich Geld brauchte, fing ich an, Stücke zu schreiben, die im Fernsehen live gesendet wurden. Diese kollektive Kunstform erlebte ihre Blüte zwischen 1950 und 1960. Während das einstündige Stück aufgeführt wurde, wurde es von drei Kameras übertragen. Auf diese Weise schrieb man ebensosehr für die Kameras wie für die Schauspieler. Mir machte das großen Spaß. Immerhin sah sich das ganze Land diese Stücke an. Allerdings wurden die Sendungen von Werbeagenturen kontrolliert, und es herrschte eine strenge Zensur. Trotzdem gelang es mir, ein Stück über einen Mann zu schreiben, der eine Gestalt wie Senator Joe McCarthy aus einem uneigennützigen Sinn für Gerechtigkeit umbringt.

Während meiner Zeit beim Fernsehen wurde ich nicht nur mit der berüchtigten Schwarzen Liste konfrontiert, ich lernte auch die Unverfrorenheit kennen, mit der in unserem freien Land, dem selbsternannten Licht der ganzen Welt, Zensur betrieben wird. Damals glaubten wir, schuld daran sei ein einzelner Kommunistenjäger aus Wisconsin. In Wirklichkeit wurde dieses Unwetter, wie wir heute wissen, vom National Security State unter dem Vorsitz von Harry S. Truman entfesselt, jenem Präsidenten, der 1947 das »Federal Employee Loyalty Program« eingeführt hatte. Sechseinhalb Millionen Amerikaner mußten sich diesem demütigenden Eid unterwerfen. Die alte Republik kam uns rasch abhanden; aber solche schlechten Nachrichten verbreiten sich nur langsam.

Ins wahrlich Fabelhafte mündete die Verfilmung von Geschichte zum ersten Mal, nachdem wir unseren langen, sinnlosen Krieg in Vietnam verloren hatten. Aus dieser täglich im Fernsehen übertragenen Niederlage machten die Rambo-Filme am Ende einen totalen Sieg. Sie überzeugten nicht nur jeden davon, daß wir den Krieg dank Mr. Stallone gewonnen hatten, sie spielten an den Kinokassen dieser Welt auch fast soviel Geld ein, wie wir in dem Krieg selbst verschwendet hatten.

Zuletzt macht der die Geschichte, der sie verfilmt. Wenn ich als fremder Eroberer die Vereinigten Staaten unterwerfen wollte, würde ich meinen Horden zurufen: *Hollywood delenda est.* Und wenn ich Hollywood nicht zerstören könnte, würde ich es kaufen, wie es jetzt die Kamikaze-Leute tun. Ob bei Columbia Picture oder bei der mächtigen MCA-Universal, überall haben die Japaner die Kontrolle übernommen und werden am Ende unsere Träume formen, und ich bezweifele, daß sie für uns Lincoln oder sonst etwas aus unserer Geschichte verfilmen werden.

Drehbuchschreiben war fast vierzig Jahre lang mein

zweites Standbein. Die Schriftsteller meiner Generation sind größtenteils nicht Lehrer geworden; wenn wir Geld brauchten, gingen wir zu Columbia – zu der Filmgesellschaft, nicht der Universität. Was ich aus Finanznot anfing, habe ich später aus Faszination weiterbetrieben. Das Kino verlor seine einzigartige Macht, als das Fernsehen erfunden wurde. Die Leinwand lief buchstäblich ein, und aus dem besonderen, erregenden Spektakel im Dunkel eines riesigen, exotischen Palastes wurde ein prosaisches, hüpfendes Bildchen aus tausend Lichtpunkten hinter der Glasscheibe eines Haushaltsgeräts. Mit ihm wird uns nun die Geschichte Tag für Tag von den großen Fernsehgesellschaften und den privaten Nachrichtensendern übermittelt.

Als ich für das Fernsehen schrieb, konnte ich hin und wieder ein paar kritische Bemerkungen über den Umgang mit der Macht in dieser großen Republik einflechten. Dann ging ich nach Hollywood, wo ich für MGM Drehbücher schrieb. Da man immer mehr Freiheit hatte, wenn man über die Vergangenheit schrieb – zumindest solange es nicht um die amerikanische Vergangenheit ging –, machte ich mich daran, so hinreißenden Schund wie das Drehbuch für »Ben Hur« zu schreiben. Hier konnte ich immerhin den ernsthaften Tiberius des Tacitus anstelle der skurrilen Karikatur des Sueton auftreten lassen. Mein Tiberius glich dem hart arbeitenden, aber völlig unfähigen Geschäftsführer einer maroden Firma wie Chrysler.

Irgendwann fing ich an, Stücke zu schreiben. Eines von ihnen hieß »The Best Man« und handelte vom Kampf um das Präsidentenamt zwischen einem durch und durch integren Mann mit chaotischem Privatleben und einem korrupten Mann mit untadeligem Privatleben. Ein früherer Präsident trat als Chor und Schiedsrichter auf. Das Stück war ein Erfolg. Von den

Filmgesellschaften kamen erste Angebote für die Filmrechte. Endlich würde ich meinen eigenen Film machen können. Was dann folgte, zeigt exemplarisch, wie
rigide unsere Geschichte und unsere Politik für uns
verfilmt wird und wie selten jemand die Möglichkeit
bekommt, etwas so darzustellen, wie es ist.

United Artists kaufte die Filmrechte. Ich sollte eine
Art Produzent sein und das Drehbuch schreiben. Dann
hieß es, der große Frank Capra werde produzieren und
Regie führen. Ich habe Capras politische Filme nie
gemocht. Schon mit zwölf Jahren wußte ich über Politik
zu viel, als daß mich sein komischer Mr. Smith, der
nach Washington geht, noch gefesselt hätte. Meistens
stellten Capras Filme einen *good guy*, Jimmy Stewart,
den man bewundern soll, weil er in den Senat gewählt
worden ist, obwohl er von Politik keine Ahnung hat,
gegen die *bad guys*, die einen Staudamm bauen wollen,
während die Leute in Wirklichkeit einen neuen Fluß
brauchen, oder umgekehrt.

Was sollte ich mit Capra anfangen? Mein Stück war
ungewöhnlich: es war nicht nur politisch, es war auch
in der Sache genau, obwohl Jack Kennedy zu mir sagte:
»Wenn man sich um das Präsidentenamt bewirbt, hat
man nicht mehr die Zeit, herumzusitzen und über die
Bedeutung von dem allen zu diskutieren.« Die Sache
mit den Visionen ist offenbar eine Schriftstellerma-
rotte.

Frank Capra war ein umgänglicher, temperament-
voller Sizilien-Amerikaner. Aber das Alter hatte ihn
womöglich noch sentimentaler gemacht, als er in jungen Jahren schon gewesen war. Ich hatte schon zwei
auf Stücken von mir basierende Filme verloren, »The
Left-Handed Gun« und »Visit to a Small Planet«. In
beiden Fällen hatte der falsche Regisseur den falschen
Film gedreht. Ich wollte nicht noch einen dritten verlie-

ren. Aber wie sollte ich Capra loswerden? Der französische *auteur*-Virus hatte Hollywood schon infiziert, und Dutzende Schwäger von Produzenten, die jahrelang mit Schauspielern, von denen keiner etwas wissen wollte, auf soliden Bühnen untergebracht gewesen waren, wurden auf einmal wie schöpferische Genies behandelt, lauter Leonardos, die plötzlich der fruchtbaren Erde des San Fernando Valley entsprossen waren. Für diese *auteurs* war Capra ein gefeierter Meister.

Capra und ich besprachen das Skript einige Male. Der Realismus des Stücks beeindruckte ihn nicht, denn Politik war für ihn nicht das, was sie ist, sondern das, was er selbst schon auf die Leinwand gebracht hatte. So, wie William Wyler bei der Vorbereitung auf »Ben Hur« nicht römische Geschichte studiert hatte, sondern andere Römerfilme, so versuchte Capra, meinen Realismus, der ihm nicht gefiel, dem Kino-Amerika anzupassen, an das er gewöhnt war und das er miterfunden hatte. Noch einmal sollte die Story von dem *good guy* handeln, der für die kleinen Leute spricht.

Plötzlich überkam Capra die Inspiration. »Das fangen wir so an«, sagte er, und seine kleinen Augen glitzerten wie schwarze Oliven. »Am ersten Tag des Parteikonvents tritt unser guter Junge – wir holen uns Stewart oder vielleicht Fonda – hinaus in die Menge, er mischt sich unter diese kleinen Leute – Sie wissen schon, die Delegierten . . .« Ich machte ihn darauf aufmerksam, daß die Kandidaten so etwas schon wegen des Geheimdienstes und wegen der Presse nicht täten und auch gar nicht tun könnten. »Das kriegen wir schon hin.« Capra war zuversichtlich. »Wichtig ist, er kommt heraus zu diesen einfachen Leuten und spricht zu ihnen.« – »Aber was«, fragte ich, meine Verzweiflung hinter einem Mickey-Rooney-Lächeln versteckend, das ich aus meinen Tagen als Boy Airman bewahrt hatte, »was hat er ihnen denn so Wichtiges zu sagen?« Capra strahlte. »Er zitiert vor ihnen Lincoln . . .«

Ich machte ihn darauf aufmerksam, daß Lincoln-Zitate wahrscheinlich niemandem Wählerstimmen einbringen würden. Und den Schwarzen, die damals, im Jahre 1963, gerade rebellierten, würden sie schon gar nicht gefallen. Aber Capra war ganz hingerissen. Er sah die Szene plastisch vor sich. »Dann also so: Er verkleidet sich als Abraham Lincoln. Und dann hält er vor ihnen die Gettysburg-Ansprache oder irgendwas.«

Ich sagte, ich hielte das für einen glänzenden Einfall. Dann ging ich zu United Artists, sorgte dafür, daß Capra aus dem Film flog, und übernahm selbst die Kontrolle. Als nächstes suchte ich mir zwei intelligente, junge Produzenten, und wir engagierten einen Regisseur, der schon einmal beim Fernsehen für mich gearbeitet hatte.

Henry Fonda spielte die Hauptrolle, ohne auch nur einmal den Zylinder aufzusetzen, den er in »Young Mr. Lincoln« mit so magischer Wirkung getragen hatte. Wer Frank Capras Version von dieser Geschichte kennenlernen will, findet sie in seinen Memoiren. Jedenfalls war ich ausnahmsweise einmal imstande, unsere Politik so auf die Leinwand zu bringen, wie sie ist oder 1963 war. Der Film war ganz und gar meiner, bis ich zum Festival nach Cannes kam, um einen Preis entgegenzunehmen, und auf einem großen Plakat las: »The Best Man – un film de Franklin Schaffner«.

Und doch – einmal hatte ich es geschafft, und ich redete mir ein, damit sei es genug. Zufrieden kehrte ich zum Romaneschreiben zurück.

Aus dem Englischen von Reinhard Kaiser

Carlos Saura
Freiheit ist ein Gespenst

Und nichts ist grausamer als der Mensch –
Luis Buñuel dreht »Viridiana«

Als ich Luis Buñuel 1960 in Cannes persönlich kennen-
lernte, wurde mir klar, daß der Wirbelsturm des Bür-
gerkrieges, der Spanien zwischen 1936 und 1939 ver-
wüstete, die besten Pflänzchen gebrochen hatte, nichts
aber hatte ausrichten können gegen die kräftigen
Bäume, deren Wurzeln fest im Boden verankert waren. Ich begriff, daß die Verlierer des Krieges den
Kampf endgültig gewonnen hatten. Damals überrasch-
ten mich an Buñuel sein Auftreten, sein Scharfsinn
und seine Intelligenz und sein Lächeln, das dem eines
aufgeweckten Jungen glich. Er gehörte einer bedeu-
tenden, unvergeßlichen Generation an: García Lorca,
Dalí, Bergamín, Alberti, Sender, Picasso, Miró, Pablo
Casals ... Welch einen Kontrast boten deren Vitalität,
Neugier und geistreiche Unterhaltung in den Gesprächsrunden der Cafés zu uns, die wir uns hoff-
nungs- und tatenlos unterhielten, als befänden wir uns
bei einer ständigen Totenwache.

Damals, 1960, machte Luis Buñuel mir die große
Freude, zur Vorstellung meines ersten Films »Los gol-
fos« (Die Straßenjungen) zu kommen. Wir hatten gemeinsame Freunde und gemeinsame Feinde, unsere
Familien kannten sich, und uns verband seitdem eine
Freundschaft, die bis zu Buñuels Tod dauerte. Ich
glaube, daß meine Begeisterung für ihn und seine
Filme und meine Überzeugung, daß seine Anwesenheit in Spanien dringend vonnöten war, ihn entschei-

dend beeinflußten, nach mehr als zwanzig Jahren Exil in seine Heimat zurückzukehren.

Von meinen Begegnungen mit Buñuel, die stets herzlich und bereichernd waren, bleibt mir besonders ein Tag im Madrid der sechziger Jahre in Erinnerung, als er »Viridiana« vorbereitete. Nachdem wir seit 13 Uhr reichlich gegessen und getrunken und stundenlang über Gott und die Welt geredet hatten, überraschte uns beim Verlassen des Restaurants auf dem Weg zum Hotel der Sonnenuntergang: ein violettfarbener Himmel kündigte Regen und Abkühlung an. Wir gingen die Gran Via zur Plaza de España hinunter, als die ersten Lichter angingen. Der Lärm der brodelnden Stadt erschwerte eine Unterhaltung, die wegen Buñuels Schwerhörigkeit ohnehin nicht leicht war. Uns trennten über dreißig Jahre, doch in diesem Augenblick waren wir wie eine einzige Person: »Wenn ich schreiben könnte, würde ich keine Filme machen«, sagte er, »einen Film zu drehen ist eine furchtbare Anstrengung. Schreiben hingegen ist ein Vergnügen, du denkst es dir alleine aus und schreibst es alleine hin. Mir macht bei der ganzen Arbeit am Film das Schreiben des Drehbuches den größten Spaß, und da ich ja eigentlich nicht schreiben kann oder zumindest zu faul dazu bin, suche ich mir jemanden, der mir hilft.«

Wir sprachen über Moral und über Baltasar Gracián, den aragonischen Schriftsteller aus dem siebzehnten Jahrhundert, der ebenso wie Benito Perez Galdós zweifellos Buñuels Denken und seine Filme stark beeinflußte. Gracián schrieb – ich zitiere frei: »Es gibt im ganzen Universum nichts Grausameres als den Menschen, er allein übertrifft alle Tiere an entfesselter Mordgier.« Buñuel stimmte da mit seinem Landsmann aus Aragonien überein: »Der Mensch ist grausam, weil er sich dessen bewußt ist. Ein Wolf, der zwanzig Schafe reißt, ist nicht grausam, er folgt nur seinem Instinkt.« Diesem Argument setzte ich entgegen, daß aus dem Blickwinkel der Schafe der Wolf grausam sei und die Schafe darunter litten. Buñuel erwiderte: »Die Grausamkeit ist eine Folge der Intelligenz. Deshalb habe ich Angst vor der Intelligenz. Sie ist ein Fluch, der uns bindet und uns Grenzen setzt.« Ein anderes seiner Lieblingsthemen war die Freiheit und der freie Wille: »Freiheit existiert nicht: sie ist ein Gespenst. Man ist nur frei, wenn man sich frei fühlt.«

Jahre später machte er dann den Film »Le fantôme de la liberté« (Das Gespenst der Freiheit). Wir sprachen auch über die Imagination, ein Thema, das in unseren Gesprächen immer wiederzukehren pflegte. Jedesmal stellten wir uns die Frage nach der Kraft der Imagination. Wie waren wir in der Lage, Träume, Halluzinationen, Wunschvorstellungen und Realitäten, Zeit und Raum zu verknüpfen? Luis Buñuel beharrte darauf, daß die Phantasie unschuldig sei. »In der Phantasie kann jemand die schlimmsten Greuel begehen, ohne einem anderen irgend etwas zuleide tun zu müssen.« Ich weigerte mich, die Imagination so scharf von der Realität zu trennen. Dieser ja recht bekannte und für Buñuel so charakteristische Satz widersprach der Möglichkeit, daß Realität und Phantasie eins sein könnten, eine Idee, die wiederum mich in meinem Denken und in meinen Filmen sehr beschäftigte.

Was den technischen Fortschritt angeht, äußerte Buñuel widersprüchliche Ansichten. Einerseits begeisterte ihn die Perfektion bestimmter Maschinen, wie Flugzeuge, Automobile, Kameras, die ersten Computer, außerdem war er ja ein Waffenspezialist! Doch mit den Jahren nahm seine Abneigung gegenüber der Technik zu: »Meine Verachtung der Wissenschaft

Silvia Pinal und Fernando Rey in »Viridiana«. Regie: Luis Buñuel,
Spanien/Mexiko 1961

führt mich zur Erkenntnis Gottes«, sagt nicht frei von
Ironie einer der Protagonisten in »La Voie lactée« (Die
Milchstraße). Buñuel stellte ganz ernsthaft die Notwendigkeit der Wissenschaft in Frage, vor allem
den schlechten Gebrauch, den die Menschen von ihr
machten. »Angesichts der Zweifel wäre es besser, die
Wissenschaft existierte nicht.« Für ihn waren wissen-
schaftlicher Fortschritt und Technik Synonyme für
Krieg, Leiden, Zerstörung. Er erzählte mir, daß er
schlecht geschlafen hätte und besorgt wäre wegen der
Dreharbeiten von »Viridiana«. »Heute nacht hatte
ich einen Albtraum, ich habe von Fleisch geträumt, von
Aas und Fett, scheußlich. Talg, Berge von Talg, ein
Traum, der immer wiederkehrt.«

1960 kommt Buñuel nach mehr als zwanzig Jahren

aus dem Exil zurück nach Spanien, um seine Familie und Freunde zu sehen, um eine Vergangenheit zurückzugewinnen und um »Viridiana« zu drehen. Es war eine wichtige und zweifellos riskante Entscheidung, mit sechzig Jahren noch einmal neu anzufangen. Luis ist bei allen Scherzen und Späßen sehr nachdenklich. Er ist unsicher und besorgt wegen des Films. Das spürte ich. Er weiß von der unerhörten Verantwortung, die er auf sich geladen hat. In Mexiko nimmt die Kritik an seiner Rückkehr nach Spanien zu, er habe sich verkauft, sagen manche, er sei ein Verräter. Es gab einen Moment, da hätte er fast alles hingeworfen und wäre nach Mexiko zurückgekehrt.

»Ich habe Fieber und mache mir Sorgen wegen meiner Grippe. In meinem Alter kann daraus eine Lungenentzündung werden. Ich habe ohnehin eine angegriffene Lunge. Du weißt nicht, was das bedeutet.« Er lacht, und wieder erscheint dieses Lächeln eines widerspenstigen Jungen auf seinem Gesicht. Ich rede ihm zu, weiterzumachen, und verspreche ihm meine Hilfe. Welche Hilfe hatte ich schon zu bieten, wenn ich nicht einmal meinen eigenen zweiten Film auf die Beine stellen konnte? Es waren schwierige Zeiten! Buñuel erholt sich und reist durch Spanien. Er findet das ideale Dekor für »Viridiana«, ein großes altes Haus in der Nähe von Madrid und seinen Freunden, das Fernando Rey, Francisco Rabal und Viridiana mit ihren Bettlern aufnehmen würde. Luis faßt Mut. Zu den Gesprächsrunden in den Cafés, die er neu zu beleben versucht, kommen junge und weniger junge Leute. Mario Camus und mir wurde ein Teil auf unser Drehbuch bezahlt. Jetzt glauben wir endlich, daß es möglich ist und wir meinen zweiten Film machen können. Er soll »La Boda« heißen und würde gleich nach den Dreharbeiten von »Viridiana« beginnen. Die Finanzierung steht, und alles scheint zu klappen. (Er wird nie gedreht, weil die Zensur das Projekt verbietet.)

Die spanischen Filmkritiker haben damals mit wenigen Ausnahmen Luis Buñuel wie einen Aussätzigen behandelt. Sie behaupteten, er könne keine Filme drehen, sei ein Gotteslästerer, ein Ausgestoßener und Kommunist. Wie das Leben so spielt: ein paar Jahre später erklären dieselben Kritiker Buñuel zu einem der größten Genies der Filmgeschichte. Als ich an der Filmhochschule studierte, suchte ich seinen Namen in allen Filmgeschichten, die in Spanien veröffentlicht waren. Ein paar Zeilen höchstens, ein anekdotischer Verweis auf den Surrealismus hier, eine manchmal sogar abschätzige Bemerkung dort, nichts. Nur ganz wenige kannten sein Werk und schrieben darüber. Ich denke an eine peinliche Vorstellung seines Films »El« (Er), bei der die namhaftesten Kritiker im damaligen Spanien unbeschreibliche Dummheiten über dieses Meisterwerk verbreiteten.

Die heutige Generation hat die Möglichkeit, Buñuels Werk in seiner Gesamtheit zu sehen. Ich würde ihr gerne raten, seine Filme nicht wie einen kulturellen Meilenstein anzusehen, nicht wie das Werk eines auf den Thron gehobenen Säulenheiligen, sondern wie das eines ehrlichen, vitalen, kraftvollen und empfindsamen Mannes, der aus der Ödnis alte und gleichzeitig immer neue Ideen herausholte, der sich den Klischees entgegenstellte, der die Phantasie als das benutzte, was sie ist: eine allmächtige Waffe, und sie in Höhen aufschwingen ließ, die nur schwer zu erreichen sind. Buñuel tauchte in die verborgenen Tiefen unseres Seins, er zeigte uns den Weg zum neuen und persönlichen spanischen Film, indem er die Spuren legte, denen wir nur folgen mußten.

Anmerkung: Obwohl Luis Buñuels »Viridiana« auf

dem Festival von Cannes 1961 die Goldene Palme
erhielt, verbot Francos Regierung seine Aufführung
und sprach dem Werk die spanische Nationalität ab.
Diese Entscheidung führte den Untergang der produ-
zierenden Firma »Uninci« und all ihrer Projekte her-
bei.

Aus dem Spanischen von Clementine Kügler

Viktor Jerofejew
Die Seele des Skeletts

Dreimal Eisensteins »Iwan der Schreckliche«

Kann man das Skelett eines geliebten Menschen lieben? Die Frage nach der Liebe zu Sergej Eisensteins
Film »Iwan der Schreckliche« scheint nicht zu dieser
Sorte Fragen zu gehören. Man möchte meinen, einen
solchen Film zu lieben sei ausgeschlossen.

Der Film ist eine gestanzte Form. Seine Struktur ist
so hart und bestimmt, daß man es eher nicht mit einer
Handlung zu tun hat, mit dem Spiel der Darsteller, mit
Emotionen der Zuschauer, sondern mit der Natur des
Films selbst. Mit seinem Verhältnis zum Theater, zum
Wort, zur Wirklichkeit. Und schließlich mit dem blin-
den Glauben an die Illusion des filmischen Schamanis-
mus, der sich auf die Montage gründet. So ergibt sich
eine Tautologie: wie öliges Öl ein kinematografischer
Film. Das Wesen des Films muß irgendwo ein für alle
Mal sichtbar werden, und in »Iwan der Schreckliche«
scheint es tatsächlich zu stecken. Der Film enthält tausende anderer Filme. Man könnte ihn den Marsmen-
schen schicken, um ihnen verständlich zu machen, was
Film ist. Damit sie es verstehen und schätzen lernen.

Ich denke dabei an die Bedeutung der historischen
Metapher in »Iwan der Schreckliche«, die die vor Leben vibrierende Erzählung umstülpt in die innere Welt
des Künstlers. So wird aus ihm weniger eine filmische
Anspielung als vielmehr ein filmisches Phantasma.
Aber dieser Erkenntnisprozeß ist nicht einfach. Ich
weiß, wovon ich rede, denn ich bin selbst in die Falle
gegangen.

Das erste Mal war ich empört. Die sechziger Jahre gingen zu Ende, das Chruschtschowsche »Tauwetter« wurde Vergangenheit, der Prager Frühling war niedergeschlagen, und »Iwan der Schreckliche« erschien mir als unverschämte Apologie des russischen Imperialismus. Gerade die Unverschämtheit der Apologie verblüffte mich. Der Film vertrat den einfachen Gedanken, daß im sechzehnten Jahrhundert, als Europa die Scheiterhaufen der Inquisition und die Bartholomäusnacht erlebte, der erste Selbstherrscher von ganz Rußland den Thron der Moskauer Großfürsten bestieg: Iwan Wassiljewitsch der Schreckliche, der einfach ein Henker und Tyrann sein mußte. Ja, der Absicht des Regisseurs zufolge war er ein guter, aufrichtiger Mensch, doch sein grausames Jahrhundert und niedere Menschen zwangen ihn, zur Gewalt zu greifen. So verwandelt er sich in einen prachtvollen reumütigen Henker mit effektvollen Theatergesten und treffsicheren aphoristischen Repliken, die seinen glänzenden Verstand demonstrieren.

Ich faßte den Film als totale Vergewaltigung der historischen Wahrheit auf, denn Iwan der Schreckliche war eine pathologische Persönlichkeit, und statt der versprochenen russischen Renaissance brachte er dem Land die Wollust, den Sadismus, den Argwohn und den Wahnsinn eines Geisteskranken bei. Er tötete den eigenen Sohn, was jedem Russen durch das riesige Bild des realistischen Malers Repin gegenwärtig ist.

Die simple Parallele zwischen Iwan dem Schrecklichen und Stalin lag von Anfang an auf der Hand. Im Film wird klar, daß man die Wahl hatte zwischen einer progressiven und einer historischen Rolle: der Herrschaft eines einzelnen im Dienst der Vereinigung der russischen Lande (und der Eroberung neuer) und der historischen »Gerechtigkeit«, die sich vor unseren Augen in Asche verwandelt. Der Verräter Andrej Kurbski erschien mir bald als Menschewik, bald als Trotzki, der die tragische geschichtliche Kollision nicht begriff. Die Bojaren sahen im exakten marxistischen Sinn wie Klassenfeinde aus, man mußte sie einfach liquidieren. Die Opritschniki, das Strafkommando des Zaren, waren bolschewistische Tschekisten, die ebenfalls der Säuberungen bedurften, weil sie zweifelten, an Habsucht litten und stahlen. Die Polen schließlich verkörperten karikaturhaft den verfaulten kapitalistischen Westen.

Sogar den von Stalin verbotenen zweiten Teil des Films, in dem die Opritschniki besonders ungestüm wüten und der Zar sich im Gedenken an die Terroropfer bekreuzigt und dabei sein berühmtes: »Zu wenig!« ausspricht und damit noch mehr Terror fordert, nahm ich als Apologie wahr. Mir schien, Stalin wäre einfach über die Bloßstellung seiner historischen Rolle erschrocken und hätte deshalb nichts mehr wissen wollen von dieser Parallele. Den Sinn des Filmes fand ich im Lied der Opritschniki ausgedrückt: »*Weder den Vater noch die leibliche Mutter / Schonen wir für das große Russenreich.*«

Es stieß mich ab, daß der Film von großer Begabung zeugte und avantgardistisch gemacht war. Der Dienst der hohen Kunst an einer abscheulichen Idee war mir völlig unannehmbar. Eisenstein erschien mir als Fortsetzer Majakowskis, als sein Filmdouble der dreißiger und vierziger Jahre und auch als indirekter Beweis dafür, daß Majakowski, hätte er sich nicht das Leben genommen, sich ebenso als Konformist verkauft hätte. Der Weg vom »Panzerkreuzer Potemkin« zu »Iwan der Schreckliche« erschien mir überaus logisch.

Beim zweiten Sehen, Ende der achtziger Jahre, »las« ich den Film genau anders herum und war über meine jünglingshafte Blödigkeit sehr betrübt. Nun sah ich

Nikolai Tscherkassow in »Iwan der Schreckliche« (2. Teil). Regie:
Sergej Eisenstein, UdSSR 1942–46

im Film klar Eisensteins diabolische Absicht, Stalin zu betrügen. Ich begriff, daß mein Fehler darin bestanden hatte, dem Drehbuch allzuviel Glauben zu schenken, das heißt dem Wort, das seine politische Bedeutung bei der Umwandlung in Handlung stark verändert. Ich stürzte mich auf die Dokumente. Alles fügte sich zusammen. Für Eisenstein waren die dreißiger Jahre die Zeit eines schlimmen Banns. Nur sein historisch-patriotischer Film »Alexander Newskij« wurde von den Machthabern anerkannt und ging in den Verleih. Zu Beginn des Jahres 1941 schlug man Eisenstein vor, noch einen historischen Film zu drehen, über Iwan den Schrecklichen. Eisenstein schrieb ein politisch »ideales« Drehbuch und erhielt die Erlaubnis zum Drehbeginn. Die Hauptrolle besetzte er listig mit dem Lieblingsschauspieler der Stalinzeit, Nikolai Tscherkassow. Der erste Teil war eine Falle, und Stalin ging hinein. Seine »demokratischen« Worte stimmten mit den Terrorhandlungen nicht überein. Diese Karte spielte der Regisseur. Der Film erhielt den Stalinpreis ersten Grades, die höchste Auszeichnung der Sowjetunion.

Der zweite Teil geriet zu einer solch offenkundigen Verhöhnung des ganzen Systems von Stalins Herrschaft, daß man sich im Filmministerium keinen Rat wußte. Eine Gruppe von Regisseuren wurde ins Ministerium vorgeladen, wo sie das dumpfe Gefühl »allzu schrecklicher Andeutungen« überkam, wie einer der Teilnehmer dieses Treffens schrieb. »Doch Eisenstein legte eine herausfordernde Fröhlichkeit an den Tag. Er fragte uns: ›Was soll das? Was ist nicht in Ordnung? Was meinen Sie? Sagen Sie es mir ganz offen.‹«

Niemand wagte, offen zu sprechen. In einer Epoche, da die kleinste Abweichung vom sozialistischen Realismus mit Verbot belegt war, wurde der Film über die

Greueltaten Stalins und des KGB vom Filmministerium in einem panischen Entschluß erlaubt. Doch es gab noch eine höhere Instanz. Einige Tage später, so berichtet der zitierte Memoirenschreiber, wurde die Preisverleihung für den ersten Teil von »Iwan der Schreckliche« im Haus des Films feierlich begangen. An diesem Abend teilte man Eisenstein mit, daß der zweite Teil in den Kreml gebracht worden war. Eine halbe Stunde später wurde der Regisseur mit einem schweren Herzinfarkt ins Krankenhaus eingeliefert. Dort erfuhr er, daß der Film verboten worden war. Bald darauf starb Eisenstein. Der Film konnte erst 1958 gezeigt werden.

Ich gestehe, diese Intrige gefiel mir nicht weniger als der Film selbst. Sie zeugte von einer unerhörten Dreistigkeit. In der genialen Szene des Tanzes der Opritschniki mit der Maske sah ich eine Anspielung an die historische Maskerade und vor allem ein höhnisches Augenzwinkern des Regisseurs selbst. Ich stellte mir Stalins Wut vor: Iwan der Schreckliche erweist sich als Geisel des grausamen Gedankens, daß das Ziel die Mittel rechtfertige. Der große Zar wurde vom Regisseur gerecht bestraft. Das Urteil war gnadenlos.

Vor kurzer Zeit sah ich den Film zum dritten Mal. Zufällig. Im Fernsehen. Und ich verstand plötzlich, daß ich mich beim zweiten Mal ebenso geirrt hatte wie beim ersten. Der Film ist weder eine Apologie noch eine Anklage. Es ist ein Film Eisensteins über sich selbst, über des Künstlers Platz und Sinn im Leben. In ihren besten Leistungen ist Kunst eine Selbstoffenbarung des Künstlers. Darin liegt kein Egoismus, sondern das Paradox des Schöpferischen. Ein Künstler ist innerlich widersprüchlich wie Iwan der Schreckliche. »Iwan der Schreckliche« ist eine Metapher, keine Maske. Der Künstler ist in eine ethisch widersprüchli-

che Situation geraten. Er strebt nach Selbstverwirklichung wie der Zar nach der absoluten Macht, und
wenn er dies nicht tut, verliert er das Recht, sich Künstler zu nennen. Doch welchen Sinn der Weg des Künstlers zur Selbstverwirklichung auch gewinnt, es ist ein
Weg des Absoluten unter relativen Bedingungen. In
alle Richtungen brechen moralische Konflikte auf. Die
neue »Wahrheit« des Künstlers erzeugt eine ganze
Skala negativer Gefühle, das Unverständnis naheste-
hender Menschen. Diese Wahrheit zu behaupten er-
fordert einen kompromißlosen Kampf. Am Ende stehen Verwüstung und Niederlage.

Der Preis des Erfolges des Künstlers ist die Niederlage, die mehr aus inneren als aus äußeren Komponen-
ten besteht. Neid und Verrat sind weniger schrecklich
als die Unmöglichkeit, sich adäquat auszudrücken, die
der reife Meister empfindet. Alles bleibt Skizze und
Entwurf. Das Endresultat ist die nicht zu realisierende
Idee. Die Ostsee, die Iwan der Schreckliche für Rußland will, ist reine Fiktion. Sie bleibt unerreichbar. Aus
diesen Dingen besteht der Film, und hierin liegt seine
Genialität.

Ich gebe gern zu, daß meine dritte Lektüre des Films
viel willkürlicher ist als die ersten zwei. Es ist eigentlich
gar keine Lektüre. Denn es geht darin nicht um den
Film, sondern um seine Seele. »Iwan der Schreckliche«
ist ein Skelett mit Seele.

Ja, ich bin immer mehr überzeugt davon, daß Eisensteins Film eine Seele hat. Sie verleiht dem Ganzen das
Ansehen des Zweckfreien. Darin liegt keine Mystik,
sondern ästhetische Vibration. Sie ist nicht sichtbar
und im Sujet nicht vorhanden. Aber es gibt sie. Und
nur durch sie hat ein Film sein eigenes Leben und kann
jedes Mal neu gelesen werden. Nur durch sie beginnen
die Zweifel. Wovon handelt der Film? Von einem russi-

schen Zaren und Selbstherrscher? Von Stalin? Von der Natur des Terrors oder der Natur des Menschen überhaupt? Vom Künstler und seinen Katastrophen? Wenn die Seele da ist, werden wir auf keine dieser Fragen eine endgültige Antwort finden.

Aus dem Russischen von Kerstin Holm

Michael Haneke
Schrecken und Utopie der Form

Ein Esel hat keine Psychologie, nur ein Schicksal –
Robert Bressons »Au Hasard Balthazar«

»Mithin müßten wir wieder vom Baum der Erkenntnis essen, um in den
Stand der Unschuld zurückzufallen?«
»Allerdings, das ist das letzte Kapitel von der Geschichte der Welt.«
Heinrich von Kleist »Über das Marionettentheater«

Der erste Filmbesuch, an den ich mich – dunkel – erinnere, war Lawrence Oliviers »Hamlet«. Da der Film erst 1948 gedreht wurde, muß ich mindestens sechs Jahre alt gewesen sein. Natürlich habe ich den Film später mehrfach wiedergesehen, und so kann ich nicht mehr exakt auseinanderhalten, was ich bei diesem ersten Mal erfahren habe und was Erinnerung an spätere Sichtungen ist. Ich erinnere mich aber genau an das Dunkelwerden des ohnehin dunkel getäfelten Kinosaals zu Beginn der Vorstellung, das gravitätische Aufgehen des Vorhangs und die düsteren Bilder des meerumbrandeten Schlosses von Helsingör zu einer ebenso düsteren Musik.

Und dann erinnere ich mich, daß meine Großmutter – die damals mit mir im Kinosaal saß – mir Jahre später erzählt hat, daß sie das Kino mit mir nach nicht einmal fünf Minuten verlassen mußte, weil ich ob all dieser düsteren Bilder und Töne vor Angst schrie.

Kurz darauf – es muß im gleichen Jahr gewesen sein, denn es war noch vor meinem Schuleintritt – war ich im Zuge eines Hilfsprogramms für Kinder aus den Kriegsverliererstaaten drei Monate auf »Erholung« in

Dänemark. Zum ersten Mal für längere Zeit von zu Hause weg, fühlte ich mich sehr elend. Meine dänischen Zieheltern bemühten sich, meinen Kummer zu zerstreuen und führten mich ins Kino. Es war ein regnerisch-trüber Spätherbsttag, kalt und unfreundlich, und der Film, dessen Titel und Handlung ich vergessen habe, spielte in Afrikas Urwald und Savanne. Auch hier erinnere ich mich genau an den langgestreckten, schmalen, düsteren Kinosaal mit den seitlich sich direkt zur Straße öffnenden Türen. Der Film enthielt viele Fahraufnahmen, offenbar aus einem Geländewagen heraus gedreht, vor dem Antilopen, Nashörner und anderes nie gesehenes Getier ständig davonliefen. Ich saß mit in diesem Auto und kam aus Staunen und Freude nicht heraus.

Schließlich war der Film zu Ende, das Licht im Saal ging an, die Türen auf die dämmerige Straße wurden geöffnet, draußen strömte der Regen, der Verkehrslärm drang herein, die Leute spannten ihre Schirme auf und traten ins Freie. Für mich aber war es wie ein Schock: Ich begriff nicht, wie ich, der ich doch bis vor Sekunden noch in Afrika zwischen den Tieren in der Sonne gewesen war, jetzt so schnell wieder hier sein konnte. Das Kino, das für mich ein Wagen war, in dem ich fuhr, konnte doch nicht – und vor allem nicht so schnell – zurückgefahren sein ins nördlich kalte Kopenhagen!

Wenn ich an die Unmittelbarkeit und Heftigkeit dieser beiden ersten Kinoerinnerungen denke, fallen mir immer jene Indianerstämme ein, denen man kurz nach ihrer »Entdeckung«, also kurz nach ihrer ersten Konfrontation mit der sogenannten Zivilisation, mittels im Urwald installierter Projektionseinrichtungen Filme vorgeführt hat. Nach den Berichten der Vorführer sollen die Wilden in Panik davongestoben sein und sich kaum haben beruhigen lassen. Nach dem Grund dafür gefragt, stellte sich nach langem verschrecktem Schweigen heraus, daß sie die Kadrierung der Bilder als reale Verstümmelung der im Film gezeigten, aber für sie real vorhandenen Personen empfanden: die Großaufnahme eines Kopfes war für sie der tatsächlich vor ihnen sprechende und sich bewegende abgeschlagene Kopf einer leibhaftig anwesenden Person, die ja auf Grund dieser Verstümmelung längst hätte tot sein müssen!

Das Wissen um jene magische, Schrecken und Entzücken gleichermaßen evozierende Macht lebender Bilder, ist in einer Welt, die schon den Neugeborenen an die ständige Präsenz virtueller Realität im heimischen Fernsehgerät gewöhnt, weitgehend in Vergessenheit geraten.

(Fraglich bleibt, inwieweit im abendlichen Dunkel des Kinderzimmers der magische Schrecken sein den Erwachsenen längst nicht mehr wahrnehmbares Recht einfordert).

Ich war in einer Welt aufgewachsen, in der Fernsehen – noch – nicht existierte, und der Besuch eines der drei Kinos, die es in unserer Kleinstadt gab, war für das Kind und in den folgenden Jahren für den Jugendlichen immer ein rares, ungewöhnliches und damit kostbares Ereignis – ich weiß nicht, inwieweit sich diese Erfahrung überhaupt an Menschen weitergeben läßt, die später geboren wurden und in einer Welt aufwuchsen, aus der die ständige Anwesenheit konkurrierender Bilderfluten gar nicht mehr wegzudenken ist.

Als Primaner sah ich Jahre später Tony Richardsons Fielding-Verfilmung »Tom Jones«. Der Film erzählte die wendungsreiche Entwicklungsgeschichte eines Findelkinds aus dem England des achtzehnten Jahrhunderts, war witzig und temporeich inszeniert und erfolgreich darum bemüht, den Zuschauer zum Komplizen seines sinnenfrohen Helden zu machen. Plötzlich, es mochte bereits ein Drittel des Films hinter uns liegen, blieb der Titelheld mitten in einer atemraubenden Verfolgungsjagd für einen Augenblick stehen, blickte in die Kamera (also MICH an!) und machte, bevor er weiter seinen Verfolgern davonlief, mit einer kurzen Bemerkung über die Schwierigkeit seiner Lage mir die meine bewußt.

Der Erkenntnisschock dieses Moments stand den Schrecken meiner ersten kindlichen Kinoerlebnisse nicht nach: Natürlich wußte ich längst, daß Kino nicht Realität war, natürlich hielt ich mir die unangenehme Nähe der virtuellen Wirklichkeit eines Spannungsfilmes längst mit ironischen Bemerkungen vom Leib und vermeintlich auch von der Seele, aber niemals vor dieser schockartigen Entdeckung meiner dauernden Komplizenschaft mit den Filmhelden hatte ich die schwindelnde Nähe erlebt, die Fiktion und Realität trennt, niemals vorher hatte ich sinnlich erfahren, wie sehr ich und meinesgleichen, also das Publikum, gemeinhin Opfer statt Partner derer waren, die uns hier gegen Bezahlung »unterhielten«. Natürlich hatte ich Kenntnis davon, was die Macht der lebenden Bilder im Dienste von Ideologien ausrichten konnte, aber diese Kenntnis war nichts als ein Abstraktum gewesen, das, wie alle Abstrakta, bloß dazu gut war, direkte Erfahrung zu verhindern.

Jetzt fielen mir auch – Wochen später – jene ersten Kinoerlebnisse ein und ihre überwältigende Wirkung, deren Schrecken und Freude ich längst verdrängt hatte. Ich hatte hinter den Spiegel geschaut und begann, das Kino mit anderen Augen zu sehen, den Erzählern von Geschichten zu mißtrauen, die mir vortäuschten, ungebrochene Wirklichkeit wiederzugeben.

Gleichwohl war mein Hunger nach Geschichten nicht gestillt – was ich im Kino suchte, war mir nicht klar. Es war wohl eine Filmkunst, die mir das Erlebnis unmittelbaren Berührtseins, der wunderbaren Verzauberung meines Kindheitskinos bewahren, mich aber trotzdem nicht zum unmündigen Opfer der erzählten Geschichte und ihres Erzählers machen sollte.

Daß ich, schon Student, schließlich Bressons Film sah, verdankte ich einem Filmseminar unseres Universitätsinstituts, das den Studenten ermöglichte, einen Teil jener Filme kennenzulernen, die als schwerverkäufliche »Kunstprodukte« erst gar nicht unsere Kinos erreichen sollten. Der Film schlug in unserem Seminar ein wie ein aus fernen Welten abgestürztes Ufo und spaltete uns in fanatische Anhänger und wütende Gegner: provokant, fremd und überraschend, brach er mit allen Goldregeln des Mainstreamkinos diesseits und jenseits des großen Ozeans ebenso wie mit jenen des sogenannten europäischen »Kunstfilms« und war doch in geradezu erschreckender Weise vollendet in seiner absoluten Identität von Inhalt und Form. Daß diese Vollendung eine Entwicklungsgeschichte hatte, begriff ich erst später, als ich Gelegenheit bekam, die vorangegangenen Filme Bressons zu sehen. Trotzdem und auch trotz seiner Meisterwerke danach, ist mir »Au Hasard Balthazar« bis heute der kostbarste unter allen cinematographischen Edelsteinen. Kein Film hat mir je Hirn und Herz so umgedreht wie dieser. Was war, was ist das Besondere an ihm?

Balthazar ist ein Esel. Der Film erzählt seine Lebens-, Leidens- und Sterbensgeschichte. Und er erzählt – in Fragmenten – die Geschichten jener, die Balthazars Weg kreuzen.

Der Anfang:

Noch im Dunklen, vor der Aufblende des ersten

Bildes, das Glockengeläut einer Schafherde; dann die erste Einstellung: nah, das Eselkind trinkt zwischen den Beinen seiner Mutter, im Hintergrund ahnen wir die Schafherde mehr als wir sie sehen, nur ihre Glokken tönen sanft und gleichmütig. Dann schlingt sich ein dünner Kinderarm um den Hals des Tieres, zieht es von der Mutter weg, die Kamera schwenkt mit, wir sehen das kleine Mädchen, das den Esel zärtlich umarmt, einen etwa gleichaltrigen Knaben, auch er zu dem Tier gebeugt und es streichelnd, dazwischen im Hintergrund einen Mann. Alle sind leicht gekleidet, es ist Sommer. »Schenk ihn uns! Bitte Vater!« »Was wollt ihr denn mit ihm?«

Totale: Die Kinder laufen mit dem Vater, der den kleinen Esel mit sich zieht, von der Bergweide talwärts. Das Glockengeläut der Schafherde ist verstummt.

Nah: aus einem kleinen Krug gießt eines der Kinder Wasser auf das Haupt des Esels und sagt: »Balthazar. Ich taufe dich im Namen des Vaters und des Sohnes und des heiligen Geistes. Amen.«

Das Ende:

Balthazar trägt die Lasten eines Schmugglerduos – sie sind dabei, ein Grenzgebirge zu überschreiten. Es ist Nacht. Plötzlich das »Stehenbleiben!« der Zöllner. Die Schmuggler laufen den Weg zurück, den sie gekommen sind. Während wir Schüsse hören, sehen wir Balthazars Gesicht, lange, dann setzt auch er sich in Bewegung, hinunter, dorthin, wo seine ihn ständig quälenden Herren gerade entflohen sind.

Tag. Balthazar steht still zwischen den Nadelbäumen des Gebirges. Nah: seine Schulter – aus einem Einschußloch sickert Blut. Er setzt sich in Bewegung, verläßt den Unterstand, hinaus in die unberührte Hochweidenlandschaft, immer noch die Schmuggellast auf seinen Schultern. Geläut einer Herde. Da sehen

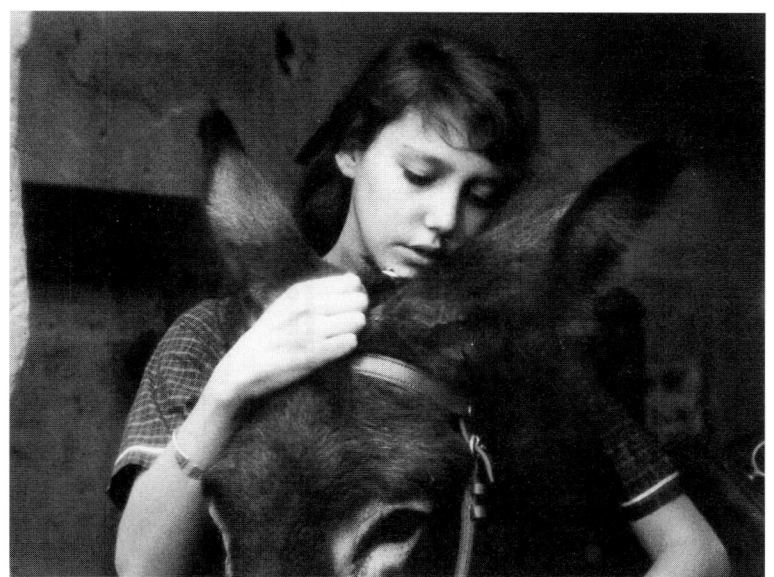

Anna Wiazemsky und der Esel Balthazar in »Au Hasard, Balthazar«
(Zum Beispiel Balthasar). Frankreich/Schweden 1966

wir auch die Schafe herankommen, die schwarzen Hir-
tenhunde umspringen sie bellend, die Glocken der
Tiere läuten. Ein Schäfer. Einzelne Hunde. Dann steht
die Herde rund um Balthazar, er ist kaum zu sehen, so
sehr ist er eingehüllt von Schafen, die Glocken läuten
nahe. Die dunklen Hunde. Die Schafe setzen sich in
Bewegung – sie geben allmählich den Blick frei auf den
nun am Boden sitzenden Esel. Wieder die Hunde.
Dann sind die Schafe in den Hintergrund gewichen –
vorne Balthazar. Die Musik setzt ein – jenes todtraurige
Andantino aus Schuberts A-Dur-Sonate, das den Le-
bensweg Balthazars im Laufe des Films immer wieder
mitleidend und zugleich trostverheißend begleitet hat.
Langsam, ganz langsam senkt Balthazar den Kopf.
Dann bildfüllend nur die Herde – sie ist in Bewegung,

führt uns zurück zu Balthazar, er liegt da, ausgestreckt auf dem Weideboden und rührt sich nicht mehr. Die Musik bricht ab. Nur noch das Glockenläuten. Die Schafe wandern in den Bildhintergrund, in die Tiefe der Gebirgslandschaft hinein. Vorn: der tote Balthazar. Die Glocken werden leiser. Aus.

Dazwischen liegt ein Leben, das in seiner traurigen Schlichtheit für jenes von Millionen steht, ein Leben der kleinen Freuden und großen Mühen, banal, sensationslos, und wegen seiner deprimierenden Alltäglichkeit für die Ausschlachtung auf der Filmleinwand denkbar ungeeignet. Eigentlich ist von niemandem, also von jedem die Rede – ein Esel hat keine Psychologie, nur ein Schicksal.

Der Titel ist die exakte Wiedergabe der Intention des Films: »Zufällig, beispielsweise Balthazar.« Es könnte jeder andere sein, du oder ich. Den Namen, sagt Bresson, habe er wegen der Alliteration gewählt. Das klingt nach Beliebigkeit und Allerweltsproblematik und ist in Wahrheit das genaue Gegenteil.

Bressons »Modell«-Theorie, seine rigorose Ablehnung professioneller Schauspieler zugunsten treffend ausgewählter Laiendarsteller ist oft diskutiert und noch öfter kritisiert worden – sie war es letztlich auch, die den finanziellen Erfolg seiner Filme verhindert hat. Hier in »Balthazar« läßt sich das Motiv dieser Theorie am leichtesten ablesen und findet ihre klarste und stimmigste Ausformung: Der »Held« auf der Leinwand ist kein zur Identifikation anstiftender Charakter, der uns Gefühle vorlebt, die wir nachempfinden dürfen, sondern eine Projektionsfläche, ein unbeschriebenes Blatt, dessen einzige Aufgabe es ist, mit den Gedanken und Gefühlen des Zuschauers gefüllt zu werden. Dieser Esel spielt uns nicht vor, daß er traurig ist oder leidet, wenn das Leben ihm zusetzt – nicht er weint, wir weinen über eine Ikone der erzwungenen Duldsamkeit, gerade weil sie nicht wie ein Schauspieler mit der Sichtbarmachung ihrer Gefühle hausiert. Das Tier Balthazar und die in ihren scheppernden Rüstungen bis zur Unkenntlichkeit eingesperrten Ritter aus dem späteren »Lancelot du lac« sind Bressons überzeugendsten »Modelle«, einfach weil sie unfähig sind, uns etwas vorzumachen.

Nicht immer ist Bressons »Modell«-Konzept aufgegangen. Unter Laien kann ebenso unzureichend besetzt werden wie unter Schauspielern. Dennoch war und ist das Nicht-Spiel seiner immer sorgfältig, ja liebevoll ausgesuchten Laien, die Monotonie ihrer Sprech- und Bewegungsweise, ihr auf bloße Präsenz reduziertes Vorhandensein ein befreiendes Erlebnis (weit mehr, als es die saloppe »Natürlichkeit« der jungen Darsteller in den zerebralen Feuerwerken und höheren Juxen seines jüngeren Zeitgenossen Godard war), gab es doch den Menschen vor der Kamera ihre Würde zurück: Niemand mußte sich mehr verstellen, um Empfindungen sichtbar zu machen, welche – gespielt – ohnehin nur eine Lüge sein konnten.

Ich hatte es immer als obszön empfunden, einem mit darstellerischem Furor gestalteten Leiden oder Sterben zuzusehen – es stahl den tatsächlich Leidenden und Sterbenden ihr letztes Gut: die Wahrheit. Und es stahl den Betrachtenden dieser professionellen Reproduktionen ihr kostbarstes Gut als Betrachter: ihre Phantasie. Sie wurden in die beschämende Schlüssellochperspektive des Voyeurs gedrängt, dem nichts übrigblieb, als ihm Vorgefühltes nachzufühlen, Vorgedachtes nachzudenken. Das Kino hatte in seiner im Vergleich zur Literatur neuen Möglichkeit, Realität als Gesamt-Sinneseindruck abzubilden, verabsäumt, Formen zu entwickeln, die den zwischen Kunstprodukt

und Rezipienten notwendigen Dialog aufrechterhiel-
ten beziehungsweise ihn überhaupt erst ermöglichten.
Die Lüge, Vorgetäuschtes sei Realität, war zu seinem
Markenzeichen geworden. Es blieb eines der gewinn-
trächtigsten der Industriegeschichte.

Man spürt in »Balthazar« wie in allen Filmen Bressons eine fast körperliche Aversion ihres Autors gegen
jegliche Form der Lüge, insbesondere gegen jede Form
des ästhetischen Betrugs. Diese ingrimmige Abneigung scheint die Antriebskraft seiner gesamten Arbeit
zu sein. Sie führt zu einer Reinheit der erzählerischen
Mittel, die in der Filmgeschichte ihresgleichen sucht.

Beim Lesen der Beschreibung von Anfang und Ende
des Films mag sich bei einem Leser, der Bressons Filme
nicht kennt, der Eindruck von »Poesie«, von gesuchter
Schönheit, von prätentiöser Stilisierung einschleichen.
Nichts davon im Film: dokumentarische Schlichtheit
der Kadrierung, eine fast manische Verweigerung
»schöner«, sprich: gefälliger Bilder (wie man sie in
seinen ersten Filmen noch hin und wieder finden
konnte und wie sie das heutige Kunstkino ebenso be-
herrschen wie das amerikanische A-picture und den
Werbespot) – ja man könnte zugespitzt sagen, daß
Bresson der Erfinder des »schmutzigen« Bildes im
Kunstfilmbereich ist. Neben dem immer spürbaren
Willen, die Dinge so klar und einfach wie möglich
zu zeigen, bewahrt ihn ein untrüglicher Instinkt vor
den Gefahren sterilen Stilisierens, immer wirken seine
Bilder bei aller Genauigkeit der Kadrierung wie aus-
gefranst, offengehalten für den Regelbruch der Wirklichkeit. Seine bekannten Kämpfe mit für die Schön-
heit ihrer Bilder berühmten Kameraleuten wie De
Santis dürften, denke ich, darin ihre Ursache haben.

Statt »Schönheit« Genauigkeit – jedes Bild zeigt nur
das Notwendigste, jede Sequenz ist auf ihre knappste

Form komprimiert, gleichwohl sind Einstellungs- und Schnittlängen selbst für die Entstehungszeit des Films (1965) ungewöhnlich ruhig. Niemals geben Fermaten der Sentimentalität Raum, alles wirkt in seiner Einfachheit wie natürlich gewachsen und ist, obschon im Dienst eines rigorosen ästhetischen Konzepts, niemals dessen Opfer. Allem Geschehen und Handeln ist die Polyvalenz des wirklichen Lebens bewahrt – der Autor ergreift nie Partei, immer ist der Betrachter aufgerufen, seine persönliche Beurteilung vorzunehmen, frei zu entscheiden, seine eigene Wahrheit und deren Interpretation zu finden. Die sieben Todsünden hätte er in den Personen des Films darzustellen versucht – aber solcher Auskunft steht der Satz aus seinen »Notes sur le cinématographe« gegenüber: »Die Ideen verbergen, aber derart, daß man sie findet. Die wichtigste wird die verborgenste sein.« Und an anderer Stelle heißt es da: »Herstellung der Emotion, erlangt durch einen Widerstand gegen die Emotion.« Und: »Aus dem Zwang zu einer mechanischen Regelmäßigkeit, aus einer Mechanik wird die Emotion entstehen.« Zur Erläuterung führt er das Klavierspiel Lipattis an: »Ein großer, nicht virtuoser Pianist schlägt unerbittlich gleiche Noten an: Halbe, gleiche Dauer, gleiche Intensität; Viertel, Achtel, Sechzehntel usw., idem. Er haut nicht die Emotion in die Tasten. Er wartet auf sie. Die kommt und überfällt seine Finger, das Klavier, ihn, den Saal.«

Ich besitze eine Video-Aufzeichnung der Preisverleihung in Cannes 1983, wo die Goldene Palme gleichzeitig an den inzwischen sechsundsiebzigjährigen Bresson für seinen letzten Film »L'Argent« und an Andrej Tarkowski für »Nostalghia« verliehen wurde. Als Bresson, von Orson Welles aufgerufen, die Bühne betritt, bricht ein Tumult los, ein wütender akustischer Kampf zwischen Buh-Schreiern und Akklamierenden, es muß

mehrfach um Ruhe gebeten werden – erst als Tarkowski auf die Bühne geholt wird, legt sich der Protest-
sturm.

(Tarkowskij, seinerseits ein erklärter Bewunderer
Bressons, mag damit nicht glücklich gewesen sein,
hatte er doch an den Filmen seines Vorbilds gerade
jene Unabhängigkeit vom sogenannten Publikums-
geschmack gerühmt, für die Bresson nun vor seinen
Augen ausgebuht wurde, während man ihm, dem
gleichfalls als Hermetiker Verschrieenen, zujubelte).

Was an Bressons Filmen hat dieses Verhalten im Saal
von Cannes – das für das Verhalten des weltweiten
Publikums stand oder wenigstens stehen wollte – verursacht?

Am Inhalt mochte es nicht liegen – Filme, die vom
bitteren Zustand des Weltgeschehens erzählen, gibt es
bei jedem Festival im Überfluß; je wohliger und schik-
ker sie sich im Unbehagen einrichten, desto mehr
Chancen haben sie, von Juroren und Feuilleton dafür
bedankt zu werden.

Was ist das so Andere in seiner Art, mit Bild und Ton
umzugehen, daß es für Bresson selber nötig schien,
einen aus dem Sprachgebrauch gekommenen Begriff,
den »Kinematographen«, für sich neu zu reklamieren,
weil er mit dem, was sich Kino nannte und nennt, keine
gemeinsame Sprache und keinen gemeinsamen Sinn
mehr fand?

Ein Jahrzehnt vor dem Erscheinen von »Au hasard
Balthazar« hatte Adorno in seinem Essay »Über Form
und Gehalt des zeitgenössischen Romans« in bezug auf
Kafka geschrieben: »Seine Romane, wenn anders sie
unter den Begriff überhaupt noch fallen, sind die
vorwegnehmende Antwort auf eine Verfassung der
Welt, in der die kontemplative Haltung zum blutigen
Hohn ward, weil die permanente Drohung der Kata-

strophe keinem Menschen mehr das unbeteiligte Zuschauen und nicht einmal dessen ästhetisches Nachbild mehr erlaubt.« Und an anderer Stelle, sich auf Dostojewski beziehend: »Kein modernes Kunstwerk, das etwas taugte und nicht an der Dissonanz und dem Losgelassenen auch seine Lust hätte. Aber indem solche Kunstwerke gerade das Grauen ohne Kompromiß verkörpern und alles Glück der Betrachtung in die Reinheit solchen Ausdrucks werfen, dienen sie der Freiheit, die von der mittleren Produktion nur verraten wird.«

Die Illusion, Wirklichkeit wäre im Artefakt abbildbar und nicht immer nur eine Vereinbarung zwischen dem Künstler und seinem Rezipienten, war – seit Nietzsche in Zweifel gestellt – spätestens seit den inkommensurablen Greueln von Naziherrschaft, Holocaust und Weltkrieg für jeden obsolet geworden, der versuchte, sich in diesem Tätigkeitsfeld auch nur einigermaßen mit Bewußtsein zu bewegen. Das Verdikt, nach Auschwitz wäre kein Gedicht mehr möglich, steckte den Bewußtseinshorizont der Überlebenden und Nachgeborenen ebenso ab wie die Zurücknahme der Neunten Symphonie samt abendländischer Kultur in Thomas Manns »Doktor Faustus«.

Im deutschen Sprachraum warfen sich die verstörten Erben der Schuld mit vom Schrecken geweiteten Augen auf die Selbstanalyse jener Wörter und Zeichen, die sich als so korrumpierbar erwiesen hatten, aber auch jenseits der Sprachgrenze hatte der Glaube an die Unverbrüchlichkeit des Bündnisses zwischen Kunst und Rezeption einen vernichtenden und gleichzeitig produktiven Stoß bekommen.

Einzig das Kino, die teure, geldabhängigste Form artifizieller Kommunikation, verweigerte konsequent jede reflektive Erneuerung. Die neuen Inhalte, Positionen oder vermeintlichen Erkenntnisse wurden in den alten, längst desavouierten Formen präsentiert. Und die angebliche Unterscheidung zwischen der sich in dreistem Selbstbewußtsein darstellenden Betäubungs-schnulze rechter wie linker Provenienz vom sogenann-ten »progressiven Kunstfilm« blieb nichts als eine Selbstrechtfertigungs-Farce der von der Filmindustrie lebenden Artisten und Interpretatoren.

Für Inhalte und Sinnkrise einer zerborstenen Welt hatten im Dienste der Geldgeber Formen gefunden zu werden, die diese Inhalte verrieten, indem sie sie kon-sumierbar machten – anders würden sie nicht statt-finden. Natürlich wurden die Formen gefunden. Sie wurden verfeinert und akkumuliert, und über dieser Arbeit vergaß der Großteil der damit Beschäftigten, wozu sie überhaupt unternommen wurde.

Eine polemische Verkürzung? Ich denke, sie ist nö-tig, um ausdrücken zu können, was dieses Skandalon Bresson in der Welt der bewegten Bilder so provokant machte und macht.

Um in der Welt des Spielfilms (um das deutliche Wort Filmgeschäft zu vermeiden) vorhanden zu sein und zu bleiben, sahen sich auch jene, die die oben beschriebene Spielregel durchschauten und verachte-ten, gezwungen, sie anzuerkennen beziehungsweise sich in ihren Dienst zu stellen. Wieweit sie dies in bewußter Distanznahme oder bis ins Unterbewußtsein geprägt taten, davon erzählen ihre Versuche, diese Spielregel spielend zu umgehen. Sobald einzelne Werke aus diesem – dank wirtschaftlichem Zwang wie-der hergestellten – stillschweigenden Einverständnis über die Notwendigkeit künstlerischer Inkonsequenz herausfielen, »fielen sie durch«, wurden gekürzt, um-geschnitten, kastriert, als einmalige und daher gerade noch entschuldbare Entgleisung ihrer Autoren angesehen, dem für den Markt ungefährlichen Bereich des Experimentalfilms zugeordnet oder bestenfalls als die Regel bestätigende Ausnahmen halbherzig von Teilen der Kritik toleriert. Das Aufregendste und Wahrhaftigste, was der Film zu bieten hat, rekrutiert sich aus dieser Ausnahmekategorie: Pasolinis »Salò«, Tarkowskis »Serkalo«, einzelne Filme von Ozu, Rossellini, Antonioni, Buñuel und Resnais, Kluge und Straub und einer Handvoll anderer.

Was geschieht dort? Die Filme sind unterschiedlich wie ihre Autoren und die Kulturkreise, aus welchen sie stammen. Was sie gemeinsam haben, was sie von der übrigen Kinoproduktion, ja selbst von den übrigen Werken derselben Autoren unterscheidet, ist ihre gelungene Identität von Inhalt und Form. Sie zerbricht das faule Einverständnis zwischen Dargestelltem, Vermittler und Rezipienten, verhindert das Schließen der Augenlider wie der optische Folterstuhl in Kubricks »Clockwork Orange« und zwingt den Blick in den Spiegel: Was für ein Anblick! Was für ein Schrecken! An die Lüge gewöhnt und in ihr luxuriös eingerichtet, verlassen die Aufgestörten den Kinosaal. Hungrig nach einer Sprache, die die Spuren des Lebens nachzuzeichnen in der Lage ist und mit plötzlich geöffnetem Herz und Hirn warten die Übriggebliebenen auf eine Fortentwicklung des unerwartet stattgehabten Glücksfalls.

Wenigen der oben genannten Autoren ist diese Identität von Dargestelltem und Darstellungsmittel mehrfach geglückt. Sie haben wieder zurückgefunden auf leichter begehbare Pfade – die Sturmwarnungen des Mißerfolgs wollen beachtet, die Treue einer Gefolgschaft will belohnt sein, und je größer die Gefolgschaft, desto breiter und ausgetretener ihr Pfad. Am besten aber verdienen die Errichter von Autobahnen.

Die Kontinuität Bressons wirkt in diesem Umfeld nachgerade wie ein Wunder: nach zweieinhalb tastenden Anfangsschritten, in welchen der Themenkatalog seines späteren Werks bereits enthalten ist (dem kurzen »Les affaires publiques« und den beiden Erstlingsfilmen »Les anges du péché« und »Les dames du bois de Boulogne«) hat er 1950 mit »Le journal d'un curé de campagne« sein Formenvokabular vollständig entwickelt und bleibt ihm für die Dauer seines Gesamtwerks (weitere zehn Filme innerhalb von dreiunddreißig Jahren) unbeirrbar verpflichtet.

Von fast allen großen Filmautoren sagt man, sie drehten in all ihren Werken immer wieder den gleichen Film. Auf keinen trifft dies so zu wie auf Bresson. Süchtig sein nach Wahrhaftigkeit – das läßt in der Tat keine Wahl. »Denk nicht an deinen Film außerhalb der Mittel, die du dir gemacht hast«, schreibt er in den »Notes«. Und tatsächlich ist bei Betrachtung der Filme nicht auszumachen, ob die Mittel den Inhalt bedingt haben oder umgekehrt, so sehr sind beide ein und dasselbe. Ihre Identität läßt keinen Raum für Ideologie oder Welterklärung, für Kommentar oder Trost. Alles geht auf in reiner Bezüglichkeit, und es ist am Betrachter, Schlüsse aus der Summe der Anordnungen zu ziehen.

Reduktion und Auslassung werden die Zauberschlüssel zur Aktivierung des Betrachters. Insofern ist es gerade die Hermetik des Bressonschen Œuvres, die es dem Zuschauer leicht machen will: Sie nimmt ihn ernst.

Ausgelassen ist der Überredungsgestus emotionaler Identifikationsvorgaben.

Ausgelassen ist der (allzu) bündige Sinn des soziologischen und psychologischen Erklärungszusammenhangs – der Zufall und die Widersprüchlichkeit fragmentarischer Handlungssplitter fordern wie in unserer täglichen Erfahrung ihr Recht und unsere Aufmerksamkeit.

Ausgelassen wird die Vortäuschung jedweder Ganzheit bis hinein ins Abbild des Menschen – Rumpf und Gliedmaßen fügen sich nur noch für flüchtige Augenblicke zusammen, sind separiert, den Dingen gleichgestellt und ausgeliefert, das Gesicht ist ein Teil unter vielen geworden, eine unbewegliche, ausdruckslose Ikone der Melancholie über den Verlust der Identität.

Ausgelassen ist das Außergewöhnliche, weil es die Not des Alltäglichen um ihre Würde betröge.

Ausgelassen ist endlich das Glück, weil durch seine Darstellung das Leid und der Schmerz geschändet würden.

Und gerade diese universale Zurücknahme (die jener des Mannschen »Faustus« so unverwandt nicht ist), dieser zärtliche Respekt vor Wahrnehmungsfähigkeit und Selbstverantwortlichkeit des Menschen, bergen in ihrem Verweigerungsgestus mehr Utopie, als alle Bastionen der Verdrängung und des billigen Trostes zusammen.

Die Identität von Inhalt und Form löst eine Ahnung jenes Sinnzusammenhangs ein, der der beschriebenen Welt abhanden gekommen ist. In der Aussparung des gezeigten Glücks bekommt das Wünschen Flügel, und für die glückhafte Sekunde der Betrachtung ist der Schmerz in seiner Ikone gebannt.

Robert Darnton
Robespierre, das ist der Osten

Andrzej Wajdas »Danton« und die Solidarność

Aus den Ferien zurückgekehrt, sehen sich die Franzosen im September 1989 einer unerfreulichen Lage gegenüber: Kursverluste des Franc, eskalierender Rüstungswettlauf, eine Krise im Mittleren Osten und zu Hause überall Verdruß. Als hätte er keine anderen Sorgen, hielt Präsident Mitterrand seinen in den Élysée bestellten Ministern einen Vortrag über den beklagenswerten Zustand des französischen Geschichtsbewußtseins und des Geschichtsunterrichts in der Schule. Was sollte werden, wenn der französische Staatsbürger nicht mehr zwischen Ludwig XIII. und Ludwig XIV., zwischen Erster und Zweiter Republik, zwischen Robespierre und Danton unterscheiden könnte? Das letzte Beispiel schien Mitterrand besonders am Herzen zu liegen. Zweifellos dachte er dabei auch an Andrzej Wajdas Film »Danton«, den er bei einer Privatvorführung im Januar 1983 heftig mißbilligt hatte.

Als der Film vor der Nationalversammlung gezeigt wurde, war die sozialistisch-kommunistische Linke, die Mitterrand unterstützte, schockiert. Während die Opposition höhnisch auftrumpfte – »Vielen Dank, Monsieur Wajda«, frohlockte der Gaullist Michel Poniatowski –, tobte die Linke. »Was für eine Geschichte!« rief Pierre Joxe, der Führer der sozialistischen Abgeordneten. Die Hauptsorge war, daß diese Version der Geschichte den Schulkindern als Wahrheit vorgesetzt werden könnte, daß sie nicht mehr wissen würden, wer Danton war, nachdem sie ihn so porträ-

tiert gesehen hätten. Aber warum widersprachen
Sozialisten einer Version des Zerwürfnisses zwischen
Danton und Robespierre, die Danton doch in ein gün-
stiges Licht setzte? Waren denn nicht seine Versuche,
den Terror aufzuhalten, eine heroische Ankündigung
des Widerstandes gegen den Stalinismus? War Wajda
nicht ein Held der Solidarność? Und mußte sein »Danton« nicht der gemäßigten Linken zusagen, die für
einen Sozialismus mit menschlichem Antlitz eintrat?
Die Debatten über Wajdas Film leuchteten in die merk-
würdige symbolische Welt der europäischen Linken
zwischen Paris und Warschau. Nachdem Wajda die
Unterdrückung der Solidarność überlebt hatte, hatte
er sich einem historischen Sujet zugewandt, das im
fernen Paris spielte, zweihundert Jahre vor der Erstik-
kung der Redefreiheit in den Straßen von Warschau.
Der Film beginnt mit grausamen Szenen in den Straßen von Paris Ende 1793. Danton kommt von seinem
Landsitz zurück, um den Terror einzudämmen, den er
nach dem Sturz der Monarchie im August 1792 selbst
mit entfesselt hatte. Bald ist er in einen verzweifelten
Kampf um den weiteren Gang der Revolution verwik-
kelt, in dem die Gemäßigten den Unerbittlichen um
Robespierre gegenüberstehen. Der Film schildert Dantons Unfähigkeit, die Guillotine anzuhalten, und
schließt mit seiner Hinrichtung am 5. April 1794.
   Um eine so verwickelte Geschichte filmisch zu kom-
primieren, mußte Wajda das Geschehen raffen. Er
hatte ein polnisches Theaterstück von Stanislawa Przy-
byszewska zugrunde gelegt, das Robespierre als Volks-
helden feiert und in den dreißiger Jahren ein Fanal der
polnischen Linken war. Wajda ließ es von Jean-Claude
Carrière für den Film bearbeiten, und das französische
Kulturministerium steuerte zum Budget von vierund-
zwanzig Millionen Franc drei Millionen bei. Die Rollen

wurden gleichmäßig verteilt zwischen Polen und Franzosen, die jeweils ihre Muttersprache sprachen. So wurde »Danton« ein ebenso intensiv polnischer wie intensiv französischer Film.

Wajda legte sich schnell auf die einfachste Version dessen fest, was sein Film für die Polen bedeuten könnte. Er sei keineswegs allegorisch, und Danton sei nicht Lech Wałesa, Robespierre nicht Jaruzelski. Gewiß ließen sich zwischen den beiden Paaren von Rivalen Parallelen konstruieren. Robespierres Überempfindlichkeit und sein unbeugsamer Dogmatismus erinnerten an die Starrheit des polnischen Generals und Dantons bodenständige Geselligkeit an die volkstümliche Art des Helden von der Danziger Werft. Aber Wajda wollte seine Geschichte nicht in ein simples Schema zwängen – der Apparatschik gegen den Mann aus dem Volk – und brachte vielerlei Belastendes gegen Danton vor. Noch wichtiger ist, daß Danton und Robespierre zweierlei Revolutionen verkörpern und daß der Film die Waage zu Dantons Gunsten ausschlagen läßt. »Robespierre ist die Welt des Ostens, Danton ist die westliche Welt«, sagte Wajda, »seine Haltung und seine Argumente sind uns nah. Der Zusammenstoß der beiden ist genau das, was wir heute erleben.«

Durch Depardieus kraftvolles Spiel wird Danton zur dominierenden und sympathischeren Figur. Aber seine Betonung der Genußsucht Dantons konnte als bürgerliche Dekadenz verstanden werden. Wenn er sich mit Robespierre zum Abendessen trifft, um ihre Meinungsverschiedenheiten zu besprechen, betrinkt er sich fürchterlich. Seine Unfähigkeit, während der Krise im März und April 1794 entschlossen gegen das Terrorregime vorzugehen, könnte sogar als ein Hinweis auf das Versagen des Westens im Jahre 1981, Solidarność zu retten, verstanden werden.

Der Film ist aber viel zu ambivalent, um eine eindeutige Moral für die Gegenwart zu geben. Doch man kann deutlich sehen, wo er von den historischen Tatsachen abweicht. Drei Stellen mußten dem polnischen Publikum gleich auffallen. Zu Anfang steht ein kleiner Junge, ein Bild der Unschuld, nackt in einem Waschzuber und versucht, die »Erklärung der Rechte des Menschen und des Bürgers« aufzusagen, während seine Schwester ihm jedes Mal, immer wenn er stockt, auf die Finger schlägt. Sie wäscht ihn nicht so sehr, als daß sie ihm – dem berühmten Mieter ihres Vaters, Bürger Robespierre, zu Gefallen – eine Gehirnwäsche verabreicht. Wenig später beauftragt Robespierre ein paar Schurken von der Geheimpolizei, die Werkstatt zu demolieren, in der Camille Desmoulins seine Zeitung »Le Vieux Cordelier« drucken läßt, das Blatt, das die Versuche der Dantonanhänger, den Terror einzudämmen, populär machte. Beide Episoden haben sich nicht zugetragen. Aber der polnische Zuschauer brauchte dies gar nicht zu wissen, um zu verstehen, daß Wajda sie erfunden hatte, um dadurch die ihm vertraute Kontrolle des Denkens zu kommentieren.

Die dritte Episode ist eine noch deutlichere Anklage gegen die stalinistische Indoktrination. In ein Cäsarengewand gehüllt, sitzt Robespierre in Davids Atelier für sein Porträt. Er unterbricht die Sitzung und beschimpft den Ankläger beim Revolutionstribunal, weil es ihm nicht gelang, den Prozeß gegen Danton in den Griff zu bekommen. Robespierres Blick fällt auf eine riesige Leinwand, auf der David seinen berühmten Ballhausschwur vom 20. Juli 1789 zu malen begonnen

---

Gérard Depardieu in »Danton«. Regie: Andrzej Wajda, Frankreich/ Polen 1982   ▷

hat. In der Masse der Patrioten entdeckt Robespierre den frisch gemalten Kopf Fabre d'Eglantines, der nun mit Danton unter Anklage steht. »Wisch ihn weg«, befiehlt er. »Er war aber da«, antwortet David. Doch Robespierre gibt nicht nach, und so wird Fabre getilgt wie die Opfer der stalinistischen Geschichtsschreibung. Die Szene hat es nicht gegeben. Denn Fabre war beim Ballhausschwur nicht dabei, weil er 1789 kein Abgeordneter der Generalstände war. Wajda lag so sehr daran, die Geschichtsfälschung der Sozialisten zu zeigen, daß er sogar zu fälschen bereit war.

Sowenig Wajdas polnische Zuschauer von einem Fabre d'Eglantine wissen mochten, so hatten sie doch entschiedene Ansichten über die Geschichte. Denn ihr Nationalbewußtsein ist ein leidenschaftlich historisches. Vom ersten Augenblick an wollte Solidarność die Vergangenheit wie die Gegenwart befreien. In der historischen Ideologie erzogen, mit der das Regime sich legitimierte – sie entsprach der Linie, die vom Robespierrismus zum Bolschewismus führte –, klagten die Danziger Werftarbeiter das Recht ein, ihre Geschichte vom Dogma zu befreien und den Tatsachen in die Augen zu sehen, besonders aber den schlimmen Tatsachen, vom sowjetischen Massaker an polnischen Offizieren in Katyn 1940 bis zu den polnischen Teilungen im achtzehnten Jahrhundert.

Wajda hat »Danton« 1981 auf dem Danziger Werftgelände aufgeführt. Schon seine frühen Filme ließen erkennen, daß er die Leidenschaft seiner Landsleute für die Vergangenheit teilte. »Landschaft nach der Schlacht« (1970) erinnert in einem Spiel im Spiel an den Sieg der Polen über die Deutschordensritter bei Tannenberg 1410, und »Mann aus Marmor« (1977) erzählt von dem Versuch eines Filmregisseurs, die wahre Geschichte eines proletarischen Helden unter

dem Irrsinn der stalinistischen Propaganda freizule-
gen. Eine ähnliche Botschaft könnte man aus Wajdas
Zerlegung des robespierristischen Mythos herauslesen.

Viele Episoden nahmen in der Situation nach der
Unterdrückung von Solidarność eine besondere Bedeutung an. Die Warteschlange der Pariser, die nach
Brot anstehen und gegen den Ausschuß für öffentliche
Sicherheit murren, konnten damals so wirken, als
fluchten sie über die Militärdiktatur in Warschau, und
Danton, der das Revolutionstribunal verhöhnt, könnte
Wałesa auf der Danziger Werft sein: »Das Volk hat nur
einen Feind: die Regierung.« Und Robespierres Recht-
fertigung des Terrors – die Notwendigkeit der Tyran-
nei im Dienst der Demokratie – könnte die Jaruzelskis
sein.

Obwohl der Film Robespierre einige Momente des
Triumphs als Redner zugesteht, macht die Kamera-
führung die Wirkung seiner Worte zunichte. Während
er die Konventsabgeordneten auf Terror und Tu-
gend einschwört, erscheint auf der Leinwand eine
Nahaufnahme seiner schmutzigen Schuhe. An den
Höhepunkten seiner Rede erhebt er sich auf die Fuß-
spitzen, eher ein Tanzmeister als ein Volksheld, während Danton im Gerichtssaal das Volk anbrüllt wie ein
gefangener Löwe.

Wenn Robespierre in den Debatten irgend Punkte
macht, werden sie am Ende durch Dantons Guillotinie-
rung gelöscht. Das Messer rast mit bestürzender Un-
ausweichlichkeit auf seinen Nacken nieder. Blut er-
gießt sich in das Stroh unter dem Schafott. Der Henker
reckt den abgetrennten Kopf der Menge entgegen,
und die Kamera verweilt auf ihm in einer Folge von
Überblendungen, von Bildern, die von unten und gegen die Sonne aufgenommen sind. Sie lassen den Zuschauer benommen und mit einem Gefühl der Übel-

keit zurück. Dann wird Robespierre gezeigt, der in seinem Bett wie ein Irrer schwitzt, und der Junge, der seinen Katechismus endlich gelernt hat, sagt die Erklärung der Menschen- und Bürgerrechte auf. Während er seine Worte herunterleiert, übertönt dissonante Hintergrundmusik seine Stimme. Mit ihren schrillen Klängen endet der Film.

Aus dem Englischen von Henning Ritter

Joan Didion
John Wayne: Ein Liebeslied

Im Sommer 1943 war ich acht, und mein Vater, meine Mutter, mein kleiner Bruder und ich waren in Peterson Field in Colorado Springs. Den ganzen Sommer über wehte ein heißer Wind, wehte, bis man meinte, aller Staub aus Kansas würde bis August in Colorado sein, würde die Dachpappekaserne und das provisorische Rollfeld überzogen und sich erst gelegt haben, wenn er in Pike Peaks angekommen wäre. In so einem Sommer war nicht viel los: Da war der Tag, an dem sie die neue B-29 einführten, ein denkwürdiges Ereignis, aber wohl kaum ein Ferienprogramm. Es gab einen Offiziersclub, aber keinen Swimmingpool; das einzig Interessante, was der Offiziersclub zu bieten hatte, war ein künstlicher blauer Regen hinter der Bar. Der Regen interessierte mich ziemlich, aber ich konnte nicht den ganzen Sommer damit verbringen, ihn zu betrachten, also gingen wir, mein Bruder und ich, häufig ins Kino.

Drei-, viermal die Woche gingen wir nachmittags hin, saßen auf Klappstühlen in der abgedunkelten Blechbaracke, die als Kino diente, und da, in jenem Sommer 1943, draußen wehte der heiße Wind, sah ich zum ersten Mal John Wayne. Sah den Gang, hörte die Stimme. Hörte ihn zu dem Mädchen in einem Film namens »War of the Wildcats« sagen, er wolle ihr ein Haus bauen, »an der Biegung des Flusses, wo die Pappeln stehen«. Nun bin ich nicht gerade zu einer typischen Westernheldin herangewachsen, und obwohl die Männer, denen ich begegnet bin, vielerlei für sich hatten und mich an viele Orte mitnahmen, an denen wir gemeinsam lebten und die ich liebgewann, waren sie doch nie John Wayne, und nie haben sie mich an jene Biegung des Flusses gebracht, wo die Pappeln stehen. Irgendwo in meinem tiefsten Herzen, dort, wo unaufhörlich der künstliche Regen fällt, ist das noch immer der Satz, auf den ich warte.

Ich erzähle dies weder als Selbstoffenbarung noch als eine Übung in perfektem Gedächtnis, sondern lediglich, um zu demonstrieren, daß John Wayne, als er durch meine Kindheit ritt und vielleicht auch durch die Ihre, die Form bestimmter Träume auf immer prägte. Es schien unmöglich, daß ein solcher Mann krank werden könnte, daß er in sich jene unerklärlichste und unbeherrschbarste aller Krankheiten tragen könnte. Das Gerücht rührte an eine verborgene Angst, stellte unsere gesamte Kindheit in Frage. In John Waynes Welt war es doch eigentlich John Wayne, der die Befehle gab.»Reiten wir«, sagte er, und »Aufsatteln!« »Vorwärts!« und »Ein Mann muß tun, was er tun muß.«»Hallo«, sagte er, wenn er das Mädchen zum ersten Mal sah, in einem Baulager oder im Zug oder wenn er einfach auf der Veranda stand und darauf wartete, daß jemand durch das hohe Gras herangeritten kam. Wenn John Wayne sprach, dann waren seine Absichten unmißverständlich; seine sexuelle Autorität war so stark, daß sogar ein Kind sie spüren konnte. Und in einer Welt, die wir schon früh als von Korruption, Zweifel und lähmenden Ambivalenzen gezeichnet wahrnahmen, kündete er von einer anderen Welt, einer, die es einst gegeben haben mochte oder auch nicht, die es nun jedenfalls nicht mehr gab: ein Ort, wo ein Mann sich frei bewegen, sich seinen eigenen Kodex schaffen und danach leben konnte; eine Welt, in der ein Mann, wenn er tat, was er tun mußte, sich eines Tages das Mädchen nehmen, mit ihm durchs Tal reiten und dann zu Hause und frei sein konnte und nicht in einem Krankenhaus, weil etwas in ihm falsch lief, nicht in einem hohen Bett mit den Blumen und den Medikamenten und dem gezwungenen Lächeln, sondern dort an der Biegung des schimmernden Flusses, wo die Pappeln frühmorgens in der Sonne blinkten.

»Hallo.« Wo kam er her, noch vor dem hohen Gras? Selbst seine Geschichte wirkte da passend, denn es war gar keine Geschichte, nichts, was den Traum störte. Als Marion Morrison, Sohn eines Drogisten, in Winterset, Iowa, geboren. Mit den Eltern nach Lancaster, Kalifornien gezogen als Teil der Völkerwanderung in jenes gelobte Land, das zuweilen »die Westküste Iowas« genannt wurde. Nicht daß Lancaster dieses Lob verdient hätte; Lancaster war eine Stadt an der Mojave-Wüste, wo der Staub hindurchwehte. Aber Lancaster war immerhin Kalifornien, und von dort war es nur ein Jahr bis Glendale, wo die Trostlosigkeit ein anderes Aroma hatte: Sofaschoner inmitten von Orangenhainen, ein bürgerliches Vorspiel zu Forest Lawn. Man stelle sich Marion Morrison in Glendale vor. Erst Pfadfinder, dann Schüler in der Glendale High. Die Zulassung zur University of Southern California, dann der Studentenclub Sigma Chi. Sommerferien, ein Job als Kulissenschieber auf dem alten Fox-Gelände. Dort die Begegnung mit John Ford, einem von mehreren Regisseuren, die spüren sollten, daß in diese vollkommene Form die unausgesprochenen Sehnsüchte einer Nation gegossen werden konnten, einer Nation, die noch immer darüber grübelte, an welchem Paß genau sie die Spur verloren hatte. »Verdammt«, sagte Raoul Walsh später, »dieser Scheißer sah aus wie ein Mann.« Und so wurde der Junge aus Glendale wenig später ein Star. Schauspieler wurde er nicht, worauf er in Interviews stets gewissenhaft hingewiesen hat (»Wie oft soll ich

Ihnen noch sagen, daß ich nicht agiere, sondern *reagiere*«), aber ein Star, und der Star mit Namen John Wayne sollte den größten Teil seines restlichen Lebens mit dem einen oder anderen jener Regisseure verbringen, irgendwo an einem gottverlassenen Drehort, auf der Suche nach dem Traum.

Dort, wo der Himmel ein bißchen blauer ist,
dort, wo die Freundschaft ein bißchen wahrer ist,
dort fängt der Westen an.

In dem Traum konnte nichts richtig Schlimmes passieren, nichts, womit ein Mann nicht fertigwerden konnte. Doch dann passierte es. Da waren sie, die Gerüchte, und nach einer Weile die Schlagzeilen. »Ich hab den großen K. geputzt«, gab John Wayne bekannt, ganz nach John-Wayne-Art, brachte die gesetzlosen Zellen auf das Niveau x-beliebiger Gesetzloser, aber gleichwohl spürten wir alle, daß dies möglicherweise die eine unvorhersehbare Konfrontation, die eine Schießerei sein würde, die John Wayne verlieren konnte. Ich habe mit Illusion und Wirklichkeit nicht weniger Schwierigkeiten als jeder andere, und ich hatte kein gesteigertes Interesse, John Wayne zu sehen, während er (das dachte ich jedenfalls) gerade genau diese Schwierigkeiten durchmachen mußte, aber dann fuhr ich doch los, hinunter nach Mexiko, wo er gerade den Film drehte, den seine Krankheit so lange verzögert hatte, dort unten im Land des Traums schlechthin.

*

Es war John Waynes 165. Film. Es war Henry Hathaways 84. Es war Nummer 34 für Dean Martin, der einen alten Vertrag mit Hal Wallis abarbeitete, für

Henry Hathaway, Dean Martin und John Wayne bei den Dreharbeiten zu »The Sons of Katie Elder« (Die vier Söhne der Katie Elder). Regie: Henry Hathaway, USA 1965

den es wiederum die unabhängige Produktion Nummer 65 war. Er hieß »Die vier Söhne der Katie Elder« und war ein Western, und mit dreimonatiger Verzögerung hatten sie die Außenaufnahmen in Durango abgeschlossen und waren nun bei den letzten Innenaufnahmen im Estudio Chrubusco vor den Toren von Mexico City angelangt, und die Sonne war heiß und die Luft klar und es war Mittagszeit. Draußen unter den Pfefferbäumen hockten die Jungs von dem mexikanischen Team Karamelbonbons lutschend herum, weiter unten an der Straße hockten die Techniker in einer Kneipe herum, in der es gefüllten Hummer und einen Tequila für einen amerikanischen Dollar gab. Die Kerle aber, die eigentlichen Gründe der Übung, hockten in der höhlenartigen, leeren Kantine, alle hockten sie um den großen Tisch herum, stocherten in »huevos con queso« und tranken Carta Blanca-Bier. Dean Martin, unrasiert. Mack Gray, der dahin geht, wo Martin hingeht. Bob Goodfried, bei Paramount für die Werbung zuständig, der eingeflogen war, um einen Trailer zusammenzustellen, und der einen empfindlichen Magen hatte. »Tee und Toast«, warnte er immer wieder. »Das ist es. Dem Salat kann man nicht trauen.« Und Henry Hathaway, der Regisseur, der Goodfried nicht zuzuhören schien. Und John Wayne, der überhaupt niemandem zuzuhören schien.

»Die Woche hat sich ziemlich hingezogen«, sagte Dean Martin zum dritten Mal.

»Wie kannst du sowas sagen?« wollte Mack Gray wissen.

»Die ... Woche ... hat ... sich ... ziemlich ... hingezogen, so kann ich das sagen.«

»Du meinst ja wohl nicht, daß du willst, daß sie bald rum ist.«

»Ich sag's dir klipp und klar, Mack, ich will, daß sie rum ist. Morgen abend rasier ich mir den Bart ab, dann ab zum Flughafen und *adiós amigos!* Bye-bye *muchachos!*«

Henry Hathaway steckte sich eine Zigarre an und tätschelte Martin liebevoll den Arm. »Nicht morgen, Dino.«

»Henry, was willst du denn noch dranhängen? Einen Weltkrieg?«

Wieder tätschelte Hathaway Martin den Arm und starrte geradeaus. Am Ende des Tisches erwähnte jemand einen Mann, der etliche Jahre zuvor ohne Erfolg versucht hatte, ein Flugzeug in die Luft zu jagen.

»Der sitzt immer noch«, sagte Hathaway plötzlich.

»Sitzt?« Martin war momentan von der Frage abgelenkt, ob er seine Golfschläger mit Bob Goodfried zurückschicken oder sie Mack Gray anvertrauen sollte. »Warum sitzt der, wenn keiner dabei umgekommen ist?«

»Versuchter Mord, Dino«, sagte Hathaway sanft. »Ein Kapitalverbrechen.«

»Du meinst, wenn einer schon *versuchen* würde, mich umzubringen, würde er im Knast landen?«

Hathaway nahm die Zigarre aus dem Mund und blickte über den Tisch. »Wenn einer versucht hätte, *mich* umzubringen, dann würde der nicht im Knast landen. Was meinst du, Duke?«

Ganz langsam wischte sich der Adressat von Hathaways Anfrage den Mund ab, schob den Stuhl zurück und stand auf. Das war das Echte, das Original, die Bewegung, die schon tausend Szenen in 165 flimmernden Grenzgebieten und auf ebensovielen phantasmagorischen Schlachtfeldern zum Höhepunkt geführt hatte, und sie sollte auch diese hier in der Kantine im Estudio Churubusco vor den Toren Mexico Citys zum Höhepunkt führen. »Genau«, sagte John Wayne schleppend. »Ich würd ihn umbringen.«

Fast die gesamte Besetzung von »Katie Elder« war in jener Woche nach Hause gefahren; nur die Hauptdarsteller waren noch da, Wayne und Martin, Earl Holliman, Michael Anderson Jr. und Martha Hyer. Martha Hyer ließ sich nicht viel blicken, aber hin und wieder redete jemand von ihr und nannte sie dabei meistens »das Mädchen«. Neun Wochen waren sie alle zusammengewesen, sechs davon in Durango. Mexico City war nicht ganz wie Durango; in Städte wie Mexico City kommt auch gern mal die Ehefrau mit, geht dann eine Handtasche kaufen, besucht eine Party bei Merle Oberon Pagliai, sieht sich ihre Bilder an. Aber Durango. Allein der Name verursacht Halluzinationen. Männerland. Dort fängt der Westen an. In Durango hatte es Ahuetehuete-Bäume gegeben; einen Wasserfall, Klapperschlangen. Ein Wetter war da gewesen, die Nächte so kalt, daß sie ein, zwei Außenaufnahmen aufgeschoben hatten, bis sie im Churubusco drinnen drehen konnten. »Das lag an dem Mädchen«, erklärten sie. »Man konnte das Mädchen nicht so lange in der Kälte lassen.« Henry Hathaway hatte in Durango gekocht, *gazpacho* und Rippchen und Steaks, die Dean Martin aus den Sands hatte einfliegen lassen; auch in Mexico City hatte er kochen wollen, doch die Geschäftsleitung im Hotel Bamer hatte ihm untersagt, in seinem Zimmer einen Backsteingrill aufzubauen. »Da haben Sie wirklich was verpaßt, *Durango*«, sagten sie, manchmal im Scherz, manchmal nicht, bis es zu einem Refrain wurde – zum verlorenen Eden.

Doch wenn Mexico City nicht Durango war, dann war es auch nicht Beverly Hills. In der Woche war das Churubusco nicht belegt, und da, in dem großen Tonstudio, auf dessen Tür LOS HIJOS DE KATIE ELDER stand, da, mit den Pfefferbäumen und der hellen Sonne draußen, konnten sie für die Dauer des Films die eigentümliche Welt jener Männer aufrechterhalten, die gern Western drehten, eine Welt der Loyalitäten und freundlichen Frotzeleien, der Gefühle und geteilten Zigarren, der unendlichen, zusammenhanglosen Erinnerungen; Lagerfeuergespräche, deren einziger Sinn darin bestand, der Nacht, dem Wind, dem Rascheln im Gebüsch eine menschliche Stimme entgegenzuhalten.

»'n Stuntman hat mal in 'nem Film von mir versehentlich was abgekriegt«, sagte Hathaway zwischen den Aufnahmen einer aufwendig choreographierten Kampfszene. »Wie hieß er denn noch, hat dann Estelle Taylor geheiratet, haben sich unten in Arizona kennengelernt.«

Worauf sich ein Kreis um ihn schloß, an den Zigarren gefingert wurde. Eine Betrachtung über die heikle Kunst der inszenierten Schlägerei stand bevor.

»Von mir hat in meinem Leben bloß einer was abgekriegt«, sagte Wayne. »Versehentlich, mein ich. Das war Mike Mazurki.«

»Ach, der. He, Duke sagt, von ihm hat in seinem Leben bloß einer was abgekriegt, Mike Mazurki.«

»Ausgerechnet der.« Gemurmel, Zustimmung.

»Das war nicht ausgerechnet, das war versehentlich.«

»Glaub ich ja.«

»Da kannst du Gift drauf nehmen.«

»Mann, Mann. Mike Mazurki.«

Und so ging es weiter. Da war Web Overlander, zwanzig Jahre lang Waynes Maskenbildner. Er stand gebückt in einer blauen Windjacke herum und verteilte Juicy-Fruit-Streifen. »Insektenspray«, sagte er. »Geh mir weg mit Insektenspray. Insektenspray haben wir in

Afrika genug gehabt. Wißt ihr noch, Afrika?« Oder »Dampfmuscheln. Geh mir weg mit Dampfmuscheln. Von denen haben wir doch seit der Werbetour für »Hatari« die Nase voll. Wißt ihr noch, Bookbinder's?« Da war Ralph Volkie, elf Jahre lang Waynes Trainer; er hatte eine rote Baseball-Mütze auf dem Kopf und trug immer einen Zeitungsartikel von Hedda Hopper mit sich herum, eine Würdigung Waynes. »Diese Hopper ist vielleicht eine«, sagte er immer wieder. »Nicht wie so manche andere, die schreiben doch bloß immer krank, krank, krank, wie kann man den Kerl da krank nennen, wo der Schmerzen hat, hustet, den ganzen Tag arbeitet und sich nie beschwert. Der Kerl hat den besten Haken seit Dempsey, der ist nicht krank.«

Und da war Wayne selbst, der sich gerade durch Nummer 165 kämpfte. Wayne mit seinen dreiunddreißig Jahre alten Sporen, dem staubigen Halstuch, dem blauen Hemd. »Da muß man sich nicht groß Gedanken machen, was man in diesen Streifen anziehen soll«, sagte er. »Du kannst ein blaues Hemd anziehen oder, wenn du im Monument Valley bist, auch ein gelbes.« Wayne mit einem relativ neuen Hut, einem Hut, mit dem er auf eigenartige Weise wie William S. Hart aussah. »Ich hatte mal so einen alten Kavalleriehut, der war gut, aber den hab ich Sammy Davis geliehen. Hab ihn zurückgekriegt, war nicht mehr zu tragen. Wahrscheinlich haben sie ihn Sammy dauernd übern Kopf gedrückt und gesagt ›O. K., John Wayne‹ – na ja, sollte 'n Witz sein.«

Wayne, der zu früh wieder arbeitete, den Film mit einer schlimmen Erkältung und einem quälenden Husten beendete, der schon am Spätnachmittag so fertig war, daß er einen Sauerstoffinhalator auf dem Set brauchte. Und noch immer war das einzig Wichtige der Code. »Dieser Kerl«, murmelte er, als ein Reporter sein Mißfallen erregt hatte. »Zugegeben, ich krieg 'ne Glatze. Zugegeben, ich hab einen Rettungsring um die Hüften. Welcher Siebenundfünfzigjährige hat das nicht? Ganz was Neues. Na, jedenfalls, dieser Kerl.«

Er machte eine Pause, kurz davor, den Kern der Angelegenheit bloßzulegen, den Bruch der Regeln, der ihn mehr als die angeblichen falschen Zitate störte, mehr als der Hinweis darauf, daß er nicht mehr Ringo Kid war. »Er kommt an, ohne eingeladen zu sein, aber ich bitte ihn trotzdem rein. Also sitzen wir da und trinken Mescal aus dem Wasserkrug.«

Wieder machte er eine Pause und sah Hathaway bedeutungsvoll an, bereitete ihn auf den unvorstellbaren Ausgang vor. »Die mußten ihm auf sein Zimmer *helfen*.«

Sie erörterten die Vorzüge diverser Preisboxer, sie erörterten die Preise für J & B in Pesos. Sie erörterten die Dialoge.

»So rauh der Kerl auch ist, Henry, ich glaub trotzdem nicht, daß er die Bibel seiner Mutter weggeben würde.«

»Ich hätt aber gern einen Schocker, Duke.«

Sie erzählten sich endlos Männerwitze. »Weißt du, warum das ›Erinnerungssoße‹ heißt?« fragte Martin und hielt eine Schale Chili hoch.

»Warum?«

»Weil du dich am nächsten Morgen dran erinnerst.«

»Hast du das gehört, Duke? Hast du gehört, warum das Erinnerungssoße heißt?«

Sie erheiterten einander, indem sie minutiöse Varianten der großen Massenschlägerei – ein wiederkehrendes Muster in Wayne-Filmen – entwarfen; mit oder ohne ersichtlichen Grund – die Prügelszene muß rein, weil sie daran so viel Spaß haben. »Hört mal – das wird richtig lustig. Duke hebt den Kleinen hoch, ja, und dann müssen Dino und Earl beide anpacken, um ihn zur Tür rauszuwerfen – wie wär das?«

Sie kommunizierten, indem sie sich alte Witze erzählten; sie besiegelten ihre Kameradschaft, indem sie sich auf freundliche, altmodische Weise über Ehefrauen lustig machten, diese Kultiviererinnen, diese Bändigerinnen. »Also setzt Señora Wayne es sich in den Kopf, aufzubleiben und einen Brandy zu trinken. Und dann hört man die ganze Nacht durch: ›Ja, Pilar, hast ja recht, Schatz. Ich bin ein Rabauke, Pilar, hast ja recht, ich bin unmöglich.‹«

»Hast du das gehört? Duke sagt, Pilar hätt ihm 'nen Tisch nachgeschmissen.«

»He, Duke, das wär' doch lustig. Der Finger, den du dir heute eingeklemmt hast, den soll dir der Doc verbinden, dann gehst du heute abend nach Hause, zeigst ihn Pilar, sagst ihr, sie wär's gewesen, als sie den Tisch geschmissen hat. Dann denkt sie nämlich, daß sie's doch 'n bißchen zu weit getrieben hat.«

Die Ältesten unter ihnen behandelten sie mit Respekt, die Jüngsten freundlich. »Seht ihr den Kleinen da?« sagten sie über Michael Anderson Jr. »Das ist vielleicht einer.«

»Der spielt nicht, das kommt direkt aus dem Herzen«, sagte Hathaway und schlug sich aufs Herz.

»He, Kleiner«, sagte Martin. »Du bist in meinem nächsten Film. Mit allem Drum und Dran, kein Schmu. Gestreifte Hemden, Mädchen, Hi-Fi, Augenlichter.«

Sie bestellten für Michael Anderson einen eigenen Stuhl, auf dessen Rückenlehne »BIG MIKE« aufgeprägt war. Als er auf den Set kam, nahm Hathaway ihn in den Arm. »Hast du das gesehen?« fragte Anderson Wayne, plötzlich zu schüchtern, um ihm in die Augen zu blicken. Wayne grinste ihm zu, nickte – der endgültige Ritterschlag. »Hab's gesehen, Kleiner.«

Am Morgen des Tages, an dem sie »Katie Elder« abschließen sollten, kreuzte Web Overlander nicht in seiner Windjacke, sondern in einem blauen Blazer auf. »Nach Hause, Mama«, sagte er und verteilte seine letzten Juicy Fruits. »Hab schon meine Abhauklamotten an.« Doch er war bedrückt. Mittags kam Henry Hathaways Frau in die Kantine, um ihm zu sagen, daß sie eventuell nach Acapulco fliegen werde. »Nur zu«, sagte er zu ihr. »Wenn ich hier durch bin, nehm ich bloß noch Seconal, bis ich kurz vorm Selbstmord steh.« Alle waren sie gedrückt. Nachdem Mrs. Hathaway gegangen war, gab es noch einen halbherzigen Austausch von Erinnerungen, doch das Männerland schwand rasch; alle waren sie schon halb zu Hause, und das einzige, was zur Sprache kam, war das Feuer von 1961 in Bel Air, bei dem Henry Hathaway die Feuerwehr von Los Angeles von seinem Grundstück geworfen und sein Haus unter anderem dadurch gerettet hatte, daß er alles Brennbare in den Swimmingpool kippte. »Die Feuertypen hätten es womöglich aufgegeben«, sagte Wayne. »Hätten es einfach brennen lassen.« Eigentlich war das eine ganz gute Geschichte, dazu eine, die etliche von ihren Lieblingsthemen enthielt, aber eine Bel-Air-Geschichte war immer noch keine Durango-Geschichte.

Am frühen Nachmittag machten sie sich an ihre letzte Szene, und obwohl sie so viel Zeit wie möglich für den Aufbau verwandten, kam schließlich doch der Augenblick, da ihnen nichts mehr blieb, als sie zu drehen. »Zweites Team ab, erstes Team los, Türen zu«, schrie der Regieassistent ein letztes Mal. Die Komparsen gingen vom Set, John Wayne und Martha Hyer betraten es. »Also, Jungs, *silencio*, Film läuft.« Sie drehten es zweimal. Zweimal hielt das Mädchen John die zerfledderte Bibel hin. Zweimal sagte John Wayne zu ihr: »Ich bin viel unterwegs, und sie paßt nicht überall hin.« Alle waren sehr still. Und um halb drei an jenem Freitag nachmittag drehte Henry Hathaway sich von der Kamera ab, und in das Schweigen hinein, das darauf folgte, steckte er seine Zigarre in einen Sandeimer. »O. K.«, sagte er. »Das war's.«

Seit jenem Sommer 1943 habe ich an John Wayne in vielerlei Gestalt gedacht. Ich habe an ihn gedacht, wie er Rinder von Texas hochtreibt und Flugzeuge mit nur einem Motor sicher runterbringt, an ihn gedacht, wie er zu dem Mädchen im Alamo sagt: »Republik ist ein schönes Wort.« Nie habe ich an ihn gedacht, wie wir einmal mit seiner Familie und meinem Mann in einem teuren Restaurant in Chapultepec Park zu Abend aßen, doch die Zeit schafft eigentümliche Mutationen, und da waren wir nun also, an einem Abend in jener letzten Woche in Mexiko. Eine Weile war es nur ein netter Abend, ein Abend irgendwo. Wir tranken viel, und allmählich schwand mein Gefühl, daß das Gesicht mir gegenüber mir in mancher Hinsicht vertrauter war als das meines Mannes.

Und dann geschah etwas. Plötzlich schien der Raum von dem Traum erfüllt, und ich wußte nicht, warum. Drei Männer erschienen aus dem Nichts, spielten Gitarre. Pilar Wayne beugte sich etwas vor, und John Wayne hob das Glas fast unmerklich zu ihr hin. »Wir brauchen noch Pouilly-Fuissé für den übrigen Tisch«, sagte er, »und roten Bordeaux für den Duke.« Wir lächelten alle und tranken den Pouilly-Fuissé für den übrigen Tisch und den roten Bordeaux für den Duke, und die ganze Zeit über spielten die Männer mit den Gitarren weiter, bis mir endlich bewußt wurde, was sie da spielten, was sie die ganze Zeit gespielt hatten: »The Red River Valley« und die Titelmelodie aus »Es wird immer wieder Tag«. Sie kamen nicht ganz mit dem Takt zurecht, aber ich höre sie noch jetzt, in einem anderen Land und viel später, noch während ich Ihnen das erzähle.

Aus dem Englischen von Eike Schönfeld

Zu den Autoren

Joseph Brodsky, 1940 in Leningrad geboren, lebt heute in den USA. In Deutschland erschien zuletzt sein Gedichtband »An Urania« (München 1994).

Der Schriftsteller *Jean-Claude Carrière,* Jahrgang 1931, war mehr als fünfzehn Jahre lang Drehbuchautor für Luis Buñuel, schrieb Filme für Louis Malle, Volker Schlöndorff, Peter Brook. Er lebt in Paris.

John Updike, geboren 1932 in Shillington, Pennsylvania, veröffentlichte in Deutschland zuletzt das Buch »Erinnerungen an die Zeit unter Ford« (Hamburg 1993). Unser Text ist ein vom Autor genehmigter Auszug aus dem Gene-Kelly-Porträt »Star Turns: Gotta Dance!«, das 1994 im »New Yorker« erschien.
© 1994 by John Updike.

Krzysztof Kieślowski, 1941 in Warschau geboren, lebt und arbeitet seit langem in Paris. Sein letzter Film »Rot«, der Abschluß seiner »Drei-Farben«-Trilogie über die französische Tricolore, hatte 1994 beim Filmfestival in Cannes Premiere. Kieślowski will keine weiteren Filme mehr drehen.

Der New Yorker Regisseur *Hal Hartley,* Jahrgang 1959, zeigte in Deutschland zuletzt den Film »Amateur«. Ein Episodenfilm aus Tokio, Berlin, New York ist gerade fertiggestellt.

Der ungarische Autor, Regisseur und Oscar-Preisträger *István Szabó*, Jahrgang 1938, arbeitet zur Zeit an dem Drehbuch zu einer Fernseh-Trilogie, die drei Liebesgeschichten aus drei Epochen umfaßt.

Von dem Moskauer Schriftsteller *Wladimir Sorokin*, Jahrgang 1955, erschien in deutscher Sprache zuletzt der Roman »Die Herzen der Vier« (Zürich 1993).

Oscar-Preisträger *Jiří Menzel*, Film-, Theater- und Fernsehregisseur, 1938 in Prag geboren, gewann für »Lerchen am Faden« den Goldenen Bären der Berlinale 1990. Sein letzter Film »Leben und Abenteuer des Soldaten Iva Chonkin« wurde 1994 beim Filmfestival in Venedig uraufgeführt.

Der amerikanische Lyriker *Charles Simic*, 1938 in Belgrad geboren, veröffentlichte zuletzt in Deutschland »Ein Buch von Göttern und Teufeln« (München 1993).

Gore Vidal, 1925 in West Point, New York geboren, lebt in Rom. Zuletzt erschien in Deutschland sein Roman »Golgata live« (Hamburg 1993).

Der spanische Filmregisseur *Carlos Saura*, geboren 1932, wurde mit seinen Filmen aus den letzten Jahren des Franco-Regimes bekannt, in denen er die opportunistische Bourgeoisie bloßstellte. In den siebziger und achtziger Jahren erzielte er Publikumserfolge mit Tanzfilmen wie »Bluthochzeit« und »Carmen«, die er zusammen mit dem Flamenco-Tänzer Antonio Gades drehte.

Der Schriftsteller *Viktor Jerofejew*, geboren 1947 in Moskau, hat in Deutschland zuletzt den Essayband »Im

Labyrinth der verfluchten Fragen« (Frankfurt 1993) veröffentlicht.

Michael Haneke, geboren 1942 in München, lebt seit 1970 als Regisseur und Drehbuchautor in Österreich. Sein letzter Film, »Siebzig Fragmente einer Chronologie des Zufalls« aus dem Jahr 1993/94, gewann zahlreiche internationale Festivalpreise.

Der amerikanische Historiker *Robert Darnton* lehrt europäische Geschichte in Princeton. In deutscher Sprache erschien zuletzt seine Bilanz der Aufklärung »Glänzende Geschäfte« (Berlin 1993). Sein Text über »Danton« erschien in erweiterter Fassung in der »New York Review of Books«.

Joan Didion, 1934 in Sacramento, Kalifornien geboren, schreibt u. a. für »Life«, »New York Review of Books«, »Esquire«. Zuletzt erschien in deutscher Sprache ihre Essaysammlung »Nach Henry« (Reinbek 1995).
Den Essay über John Wayne veröffentlichen wir mit freundlicher Genehmigung des Rowohlt Verlages, Hamburg. © Rowohlt Verlag.

Edition Akzente

Reinhard Baumgart: Glücksgeist und Jammerseele. *Über Leben und Schreiben, Vernunft und Literatur*

John Berger: Und unsere Gesichter, mein Herz, vergänglich wie Fotos

Jean Bollack: Herzstein. *Über ein unveröffentlichtes Gedicht von Paul Celan*

Joseph Brodsky: Römische Elegien und andere Gedichte

Massimo Cacciari: Gewalt und Harmonie. *Geo-Philosophie Europas*

Dino Campana: Orphische Gesänge. Canti Orfici. *Zweisprachig*

Umberto Eco: Zwischen Autor und Text. *Interpretation und Überinterpretation von Texten*

Die Folgen von 1989: *Herausgegeben von Georg Kohler und Martin Meyer*

Vilém Flusser: Dinge und Undinge. *Phänomenologische Skizzen*

Boris Groys: Die Erfindung Rußlands

Michael Hamburger: Das Überleben der Lyrik. *Berichte und Zeugnisse*

Robert Harrison: Im römischen Regen

Seamus Heaney: Die Hagebuttenlaterne. *Gedichte. Zweisprachig*

Werner Hofmann: Tag- und Nachtträumer. *Über die Kunst, die wir noch nicht haben*

Felix Philipp Ingold: Der Autor am Werk. *Versuche über literarische Kreativität*

Philippe Jaccottet: Fliegende Saat. *Aufzeichnungen 1954–1979*

Konstantin Kavafis: Die vier Wände meines Zimmers. *Verworfene und unveröffentlichte Gedichte*

Danilo Kiš: Homo poeticus. *Gespräche und Essays*

Emmanuel Lévinas: Zwischen uns

Martin Meyer: Ende der Geschichte?

Libuše Moníková: Prager Fenster. *Essays*

Edward W. Said: Der wohltemperierte Satz. *Musik, Interpretation und Kritik*

Dieter Schnebel: Anschläge – Ausschläge. *Texte zur Neuen Musik*

Charles Simic: Ein Buch von Göttern und Teufeln. *Gedichte. Aus dem Amerikanischen von Hans Magnus Enzenberger*

Botho Strauß: Fragmente der Undeutlichkeit

Antonio Tabucchi: Wer war Fernando Pessoa?

Paul Virilio: Die Eroberung des Körpers. *Vom Übermenschen zum überreizten Menschen*

Marina Zwetajewa: Gruß vom Meer. *Gedichte*

Nachweise

Alle in diesem Buch gesammelten Texte erschienen zuerst in der Frankfurter Allgemeinen Zeitung, der wir für die freundliche Genehmigung zum Nachdruck danken. Das Copyright für die einzelnen Beiträge liegt bei den Autoren.

Abbildungen